Grund- und Leistungskurs Spanisch

Fernando Lalana Lac

Grund- und Leistungskurs Spanisch

25 Klausuren mit ausgearbeiteten Lösungsmöglichkeiten

Schmetterling Verlag

Die Deutsche Bibliothek – CIP-Einheitsaufnahme

Tramontana : spanisch / Josep Martí i Pérez; Fernando Lalana Lac. – Stuttgart: Schmetterling-Verl.
Temas hispánicos / Fernando Lalana Lac
Grund- und Leistungskurs Spanisch: 25 Klausuren mit ausgearbeiteten Lösungsmöglichkeiten / Fernando Lalana Lac. –
1. Aufl. – 1998
ISBN 3-89657-711-5

Schmetterling Verlag
GbR Jörg Hunger und Paul Sandner
Lindenspürstr. 38 b
70176 Stuttgart
Der Schmetterling Verlag ist Mitglied von aLiVe

ISBN 3-89657-711-5
1. Auflage 1998
Printed in Germany

Satz und Reproduktionen: Schmetterling Verlag
Druck: GuS-Druck GmbH, Stuttgart
Binden: IDUPA, Owen

Inhalt

Vorwort

Grund- und Leistungskurs Spanisch beinhaltet 25 Klausuren für Grund- und Leistungskurse zu den Themen («El problema vasco», «Racismo en España», «España y sus jóvenes», «La condición femenina» und «Los indios y su América»), die Gegenstand der im Schmetterling Verlag erschienenen fünfbändigen Unterrichtsreihe «Temas hispánicos» sind.

Adressaten der Klausurensammlung sind vor allem spanischlernende Schüler und Schülerinnen, die bereits über Grundkenntnisse der spanischen Sprache verfügen. Der vorliegende Band beabsichtigt neben der Vertiefung der im Unterricht behandelten Themen auch eine konkrete Vorbereitung auf die Klausuren der gymnasialen Oberstufe und auf die Abiturprüfung. Die Fragen und vorgeschlagenen Lösungsmöglichkeiten bieten die Gelegenheit zur Selbstkontrolle, zur Erweiterung des Vokabulars der Textanalyse und zur Erlernung von Techniken der Texterarbeitung und Textbewertung.

Mit den insgesamt fünfzig vor allem aus der überregionalen spanischen Presse entnommenen Artikeln, die mit der Angabe der Wortzahl der Texte versehen sind, möchte ich den Kolleginnen und Kollegen Hilfe bei der mühsamen Suche nach geeigneten Klausurtexten leisten. Die ausgearbeiteten Lösungsmöglichkeiten könnten auch eine brauchbare Hilfe bei der Unterrichtsvorbereitung sein.

Ich danke meinen Verlegern Jörg Hunger und Paul Sandner für die stetige Unterstützung sowie meiner Tochter María del Carmen Lalana Cordeiro für das Durchsehen der deutschen Entsprechungen und meiner Nichte Marta Lalana Garcés für die Korrektur des Manuskriptes.

Möge diese bescheidene Arbeit nicht nur die Sprachkompetenz der Schülerinnen und Schüler, sondern auch ihre Aufgeschlossenheit und Sensibilität für die Probleme unserer Welt sowie ihre Solidarität mit allen denen, die für eine gerechtere Welt sich einsetzen, erweitern.

Rheine, Juni 1998

Fernando Lalana Lac
Lehrer für Religion, Französich und Spanisch
am Kardinal-von-Galen-Gymnasium in Mettingen

I

El problema vasco

«Balseros» en Euskadi

Xabier Arzalluz, actual presidente del Partido Nacionalista Vasco, ha definido de una manera muy expresiva a ETA. Ha dicho que incluso en una Euskadi independiente ellos – se entiende los ciudadanos en general – seguirían «cautivos de esta gente» y terminarían siendo «balseros». Los etarras y todos sus compinches son furiosos totalitarios que luchan y atacan para imponer sus ideas. Hay que recordar esto de vez en cuando para no olvidar la verdadera identidad de los terroristas, sobre todo cuando hablan de liberación y de autodeterminación desde el lugar teórico del agraviado.

Los agraviados de hecho no son los etarras sino los pacíficos ciudadanos que quieren vivir tranquilos. Los etarras tienen derecho a defender sus ideas, como cualquiera; a lo que no tienen derecho es a matar por imponerlas, momento en el que dejan de estar amparados por la ley para pasar a ser unos simples perseguidos por ella. El método de la agresión etarra está en la línea de las tácticas de Hitler o Stalin. La consecuencia es el totalitarismo, del que se huye con grave riesgo personal, como el que corren los «balseros» cubanos, que se juegan la vida para alejarse de la dictadura de Castro en busca de amparo y libertad y en cuyo drama se ha fijado Arzalluz para formular una acertada imagen.

Lo único malo de la descripción es que no vamos a oírla muchas más veces en boca de Arzalluz. Me gustaría equivocarme, pero me temo que la imagen de los balseros pertenece al grupo de mensajes que el jefe peneuvista lanza fuera de Euskadi de vez en cuando para compensar su radicalismo interior. El actual conflicto entre el PNV y los partidos estatales por la actitud a mantener con ETA, tras el bombazo contra Aznar, parte del empleo de un doble lenguaje por los nacionalistas. Ocurre que Arzalluz actúa muy frecuentemente como si se le olvidara que es, como él mismo acaba de decir, un «balsero» en potencia.

Justino Sinova, El Mundo, 30-4-1995 *(327 palabras)*

Anotaciones

3 cautivo/a: preso, persona que no tiene libertad
4 balseros (m.p.): habitantes de Cuba que huyen de la isla en balsas [Flöße] intentando alcanzar las costas de Florida
compinche (m.): compañero, simpatizante
5 furioso/a: violento
8 agraviado (m.): vejado [Beleidigte]
12 amparado/a: protegido, defendido
14 riesgo (m.): peligro
15 jugarse la vida: [das Leben aufs Spiel setzen]
16 amparo (m.): protección [Zuflucht]
17 acertado/a: apropiado [treffend]
18 en boca de: pronunciada por
20 peneuvista: del Partido Nacionalista Vasco
22 actitud a mantener: actitud que se debe adoptar
23 el bombazo contra Aznar: atentado contra Aznar perpetrado por ETA en 1995
25 en potencia: posible [potentiell]

Cuestionario de estudio

1. Resuma en unas ocho o diez líneas el contenido del texto.
2. ¿Qué es para Justino Sinova la organización ETA?
3. Explique con sus propias palabras la expresión «los vascos terminarán siendo balseros».
4. ¿De qué acusa el autor del texto al presidente del Partido Nacionalista Vasco?
5. La ETA aparece casi cada día en la prensa española.
   a) ¿Qué sabe usted de esta organización?
   b) ¿Cómo justifica ETA sus actividades terroristas?

Cuestionario de estudio

1. El texto se puede dividir en las tres partes que presenta su estructura tipográfica.
   En la primera parte Justino Sinova comenta una definición de ETA, formulada por el presidente del Partido Nacionalista Vasco. En una Euskadi liberada e independiente al mando de ETA la moyoría de los vascos se seguirían considerando tratados como cautivan.
   En la segunda parte se expone que los métodos de ETA son totalitaristas. Los que no comparten sus ideas deben ser eliminados. ETA, según el autor, tiene derecho a defender sus ideas. A lo que no tiene derecho es a considerarlas absolutas y tratar de imponerlas mediante el asesinato.
   En la tercera parte el autor muestra cierto recelo ante las afirmaciones de Xabier Ardalluz. El teme que sus declaraciones fuera del País Vasco son oportunisatas y carentes de sinceridad.

2. Para Justino Sinova, ETA es una organización totalitaria que emplea exclusivamente la violencia para imponer sus ideas y sus fines. Los métodos empleados por ETA son no sólamente comparables sino idénticos a las tácticas empleadas por el nacionalsocialismo hitleriano o el estalinismo en la primera mitad de nuestro siglo.

3. Con esta expresión, que alude a la situación de los cubanos que, para salvaguardar su libertad, arriesgan sus vidas intentando alcanzar las costas de Florida en embarcaciones poco consistentes, se quiere describir la posible situación de una futura Euskadi en manos de ETA. En ella los democrátas, los que quieran defender sus derechos y su libertad y no hacerse responsables de la opresión a sus conciudadanos tendrán que abandonar su patria y vivir exiliados en una «España» que les reconozca y garantice sus derechos como personas humanas y que les haga posible organizarse para derrocar la opresión en su país.

4. El autor acusa al presidente del PNV, Xabier Arzalluz, de falta de sinceridad. En sus visitas, cuando se encuentra fuera del País Vasco, alude al peligro real que representa ETA para los habitantes de Euskadi. Cuando se encuentra en el País Vasco defiende un nacionalismo bastante radical y evita un distanciamiento claro de la ideología y métodos del movimiento separatista etarra.

5. a) El nombre ETA son las siglas de la denominación en lengua vasca: «Euskadi Ta Askatasuna» («País Vasco y Libertad»).
   (La) ETA es una organización independentista vasca de carácter terrorista. ETA surgió en 1959 de la fusión del grupo universitario EKIN (Acción) y ciertos

sectores de las juventudes del Partido Nacionalista Vasco. A partir del año 1961 ETA se define a sí misma como organización revolucionaria, nacionalista y anticapitalista que utiliza la lucha armada para conseguir sus fines.
El objetivo de ETA es la liberación del Euskal Herria (País Vasco) y la creación de un estado marxista-leninista en el territorio que hoy ocupan los territorios de la Comunidad Autonóma del País Vasco, la Comunidad Foral de Navarra y el llamado País Vasco francés.

b) Según ETA, una condición previa e indispensable para obtener una verdadera independencia y libertad del Pueblo Vasco es la expulsión de los invasores y actuales opresores de Euskadi.
La desigualdad de medios estratégicos entre invasores (España y Francia) e invadidos (País Vasco) obliga a los invadidos a emplear la «guerra de guerrilla»: alcanzar con un mínimo de medios un máximo en efectividad.
Para ETA, el único camino para alcanzar la liberación del País Vasco es la «revolución armada» en la que el atentado, el secuetro y la extorsión son los medios más eficaces para obtener el fin que se ha propuesto.

Euskera y Senado

Recientemente hemos asistido – aunque sea por TV – a la reunión en el Senado de los presidentes autonómicos, en la que también se encontraban algunos miembros del Gobierno. Un aspecto ha provocado mi atención: la utilización de las lenguas oficiales de las comunidades autónomas, además del castellano, en la cámara llamada a ser de representación territorial, es decir, el euskera, catalán y gallego. Si bien soy consciente de que la utilización de estas lenguas es de momento coyuntural y puede incluso tener un tinte folklorista muy alejado de la realidad y de sus verdaderos problemas, no es menos cierto que es un pequeño paso hacia adelante y sin retorno hacia el «reconocimiento» por parte de los poderes del Estado de otras realidades culturales sostenidas en formas de pensar, sentir y valorar.

Pero esta utilización no ha de ser de cualquier manera, ya que de lo contrario entraríamos en esa despreciable dinámica que he apuntado anteriormente de los folklorismos. Con esto me refiero a la única intervención en euskera que se produjo en el Senado y precisamente lo hizo en este sentido: el folklórico. Me hizo pasar un verdadero mal rato la senadora vasca al escucharle la penosa lectura de su discurso carente de congruencia, entonación, acentuación, etc ... También pasé un mal rato por ella misma, pues puesto yo en su lugar me vería en las mismas dificultades ante la lectura de un texto en idiomas que desconociese.

Si la situación política de un partido exige de cara a sus votantes y al resto de políticos y ciudadanos este tipo de actuaciones, entiendo que los partidos deben de poner más cuidado al elegir a sus representantes y aplicarles unas «exigencias lingüísticas» mínimas a la hora de defender los derechos de sus ciudadanos en la lengua que es propia de su comunidad. Si no saben euskera que se callen o que hablen castellano.

El euskera es patrimonio de todos y su utilización oportunista o/y folklórica contará siempre con mi total desacuerdo.

José Arratibel, El Correo, 22-3-1997 *(336 palabras)*

Anotaciones

1 recientemente: hace poco tiempo
5 cámara (f.); aquí: asamblea, congreso
llamada/o a ser: que debe ser
6 si bien: aunque, a pesar de que
7 coyuntural: moderno, de moda
un tinte: algo de
9 retorno (m.): retroceso [Rückkehr]
10 sostenido/a: que se mantiene
14 intervención (f.): disertación, discurso [Beitrag]
16 pasar un mal rato: [übel ergehen]
17 carente de: sin, que no tiene
22 aplicar, aquí: requerir [verlangen]
callarse: no hablar

Cuestionario de estudio

1. Explique brevemente y con sus propias palabras lo que admiró y enojó al autor del texto al ver en la televisión la retransmisión de una reunión del Senado.

2. ¿Se opone el autor por principio al empleo de las lenguas de las Autonomías? Justifique su respuesta partiendo del texto.

3. Exponga los motivos que han causado el enojo del autor y lo que él exige de los políticos.

4. Enumere y comente las ventajas y posibles inconvenientes del hecho de que en un territorio se hablen dos lenguas.

Cuestionario de estudio

1. Lo que llamó mucho la atención al autor del texto es el hecho de que en el Senado de la nación española se emplearan además del castellano las lenguas cooficiales de las tres Comunidades Autónomas históricas: Cataluña, el País Vasco y Galicia. Lo que le importunó sobremanera fue la intervención en euskera de una senadora que representaba al País Vasco. Por lo que dice el autor, su desconocimiento de la lengua que se atrevía a emplear era absoluto. El discurso que leyó carecía de lógica y la forma como pronunciaba, acentuaba y entonaba su disertación daban claramente a entender que no comprendía lo que estaba leyendo.

2. El autor no se opone al empleo de las lenguas de las Autonomías. Dice que la autorización del uso de las lenguas implica un reconocimiento por parte del Estado de la existencia en la nación española de culturas diferentes a la castellana, que encuentran su expresión en la lengua que se habla en sus territorios («reconocimiento de realidades sostenidas en formas de pensar, sentir y valorar»). No obstante, reconoce que este fenómeno de emplear lenguas diferentes del castellano en el Senado puede ser algo que se ha puesto de moda y que como moda es posible que sea algo pasajero («utilización conyuntural y de tinte folklorista de las lenguas»). El hablar en una asamblea en una lengua que la mayoría de los presentes no entiende no parece para el autor ser muy lógico.
   El se opone rotundamente («total desacuerdo») a que, en el caso concreto que él expone, el euskera se degrade mediante el empleo oportunista que hace de esta lengua un político que en realidad desconoce el lenguaje en el que finge expresarse («si no saben euskera que se callen o que hablen en castellano»).

3. Lo que ha causado el enojo de José Arratibel, hecho al que ya hemos aludido en la elaboración de la segunda cuestión, es que algunos senadores por haber sido elegidos en un territorio en el que también se habla una lengua distinta del castellano se atrevan, o se vean obligados, a hablar en una lengua que desconocen. Sus intervenciones se limitan a ser una mala lectura de un texto que les ha sido redactado de antemano. El autor exige de los partidos políticos o que pongan claras exigencias lingüísticas a la hora de proponer o elegir a sus candidatos o que no les obliguen a hablar en una lengua que desconocen o en la que no poseen una competencia adecuada.

4. Las ventajas de haber nacido en un territorio bilingüe son superiores a los inconvenientes:

Ventajas:

1. Posibilidad de aprender desde la niñez una lengua distinta de la materna. El aprendizaje de una lengua durante la niñez evita las dificultades articulatorias y entonatorias que son muy difíciles de adquirir de un modo perfecto cuando una persona ya ha alcanzado cierta edad.

2. El aprendizaje y dominio de dos lenguas implica el conocimiento y posesión de dos culturas. El conocimiento de una cultura distinta de la materna lleva a comprender respetar y valorar maneras de pensar que son distintas de la propia y enseña a poner en cuestión algunos aspectos de la cultura en que vivimos.

3. La constante reflexión sobre la lengua no es únicamente un entrenamiento excelente para la adquisición de otros idiomas, sino que adiestra en la abstracción, elemento esencial en la verdadera actividad intelectual.

4. La segunda lengua se aprende en la vida real. Los que tienen que aprender un idioma sin habitar en un país donde se hable lo tienen que hacer de una manera que se podría llamar artificial. El mejor programa para el laboratorio de idiomas no es en absoluto comparable con la vida real.

Inconvenientes:

A mi modo de ver los inconvenientes son mínimos.
Quizá el tener que aprender dos idiomas en la niñez origine en niños intelectualmente poco dotados dificultades. Existe la posibilidad de que al final de su vida escolar no dominen, sobre todo en la escritura, ni una ni otra lengua.

ETA es el error

Por milímetros salvó la vida ayer Javier Pérez Aja, un militante socialista tiroteado por pistoleros de ETA en el barrio bilbaíno de Rekalde. Se trata del duodécimo atentado de la organización independentista con víctimas en lo que va de año. En nueve de las doce ocasiones, los terroristas lograron su objetivo: matar a seres humanos; en el resto, el azar evitó ese desenlace fatal, aunque no siempre las secuelas que marcarán a las víctimas de por vida.

Esa secuencia de 20 o 30 familias destrozadas al año demuestra abiertamente que lo único que no ha cambiado desde aquel 15 de junio de 1975, día de las primeras elecciones democráticas en España, es la voluntad de matar de ETA. Ha habido decenas de elecciones – que han desautorizado con toda claridad la obstinada pretensión de los terroristas de hablar en nombre del pueblo vasco –, ha habido Gobiernos de distinto signo, ha habido ocasiones reiteradas de desenganche para los activistas de la banda etarra. No es cierto que lo único que se ha intentado por parte del Gobierno de Madrid haya sido la represión, como sostienen algunos falsos ingenuos: si ETA sigue matando es porque quiere seguir matando, no porque en nuestros días haya motivos que justifiquen el recurso a la violencia, y porque algunas personas temen, con razón, que sin su proximidad a los pistoleros nadie les haría caso.

Una comunicación telefónica, realizada aparentemente en nombre de ETA, informaba anoche de que en el caso de Javier Pérez Aja se había tratado de un trágico error. Pero el verdadero error es ETA. Los vascos serían los primeros en agradecer a esa organización el paso que ya hace tiempo esperan de ella: su autodisolución. Pero para ello hace falta valor. Para eso hace falta más agallas que para tirotear a un hombre indefenso que pasea por una plaza de su barrio y muchísimo más coraje que para ordenar hacerlo y reivindicarlo luego en un comunicado.

Editorial, El País, 11-6-1997 *(328 palabras)*

Anotaciones

2 tiroteado/a: atacado con tiros de armas
3 en lo que va de año: desde principios del año actual
5 azar (m.): destino, fortuna [Schicksal]
6 secuela (f.): consecuencia
11 obstinado/a: pertinaz [hartnäckig]
12 reiterado/a: frecuente, repetido
desenganche (m.): [Auslösen]
15 ingenuo/a: [naiv]
17 temer: tener miedo de
23 agalla (f.); aquí: valor, coraje
24 indefenso/a: que no se puede defender

Cuestionario de estudio

1. ¿Qué nos dice el texto de las actividades terroristas de ETA en la primera mitad del año 1997?

2. ¿Enumere y comente las razones que, según el autor, hacen imposible justificar en nuestros días las acciones terroristas de ETA?

3. El autor menciona a personas que tienen necesidad de la existencia de ETA
   a) ¿A qué personas se refiere?
   b) ¿Qué sabe usted de ese partido político?

4. ¿Piensa el autor que los vascos apoyan los fines y métodos de ETA?
   ¿Comparte usted la opinión del autor?
   Justifique su respuesta.

Cuestionario de estudio

1. El autor nos informa que, en los diez primeros meses del año 1997, ETA llevó a cabo doce atentados contra personas. De los doce atentados, nueve acabaron con la pérdida de la vida de seres humanos. En el resto de los atentados no perecieron seres humanos, pero esta vivencia marcó, sin duda, a las víctimas para el resto de su vida. Quien ha sufrido un atentado no tiene lo que se llama *complejo de persecución*, sino miedo fundado a que se vuelva a repetir el intento de quitarle la vida.

2. Las razones mencionadas por el autor que no permiten justificar las actividades de ETA en nuestros días son:
   En nuestros días no hay motivos que justifiquen el recurso a las armas.
   ETA no es el portavoz de los intereses del pueblo vasco. Como lo demuestran con toda claridad los resustados de las elecciones que han tenido lugar en Euskadi, los fines que pretende obtener ETA no son respaldados, incluso son rechazados por casi la totalidad de los habitantes del País Vasco.
   ETA tiene todavía hoy los mismos fines y los justifica con los mismos argumentos que hace veinticinco o treinta años, cuando España vivía en una dictadura.
   El diálogo es en nuestro mundo el único medio civilizado de resolver los problemas. Las armas no resuelven, en el fondo ignoran o niegan los verdaderos problemas.
   La democracia no prohíbe ningún tipo de ideología o aspiración. Lo único que prohíbe es que las ideologías se impongan de una forma no demócratica. Si las ideas, también las de ETA, encuentran respaldo político en las elecciones son realizables.
   A ETA le es muy difícil probar objetivamente que en el País Vasco todavía hoy continúa existiendo la opresión y la represión. El franquismo acabó hace casi treinta años. El programa y los métodos de ETA ya hace tiempo que han cumplido los cuarenta años.

3. a) Las personas a las que se refiere el autor son los partidos nacionalistas radicales que pretenden hoy todavía una liberación del imperialismo español y francés y que están agrupados en el Herri Batasuna.
   b) Herri Batasuna *(Unidad Popular)* más que un partido político es una coalición, una agrupación de pequeños partidos con ideologías diferentes que se declaran por un programa cumún (independencia de Euskadi -y si fuese posible de todo Euskal Herria- e instauración de un sistema socialista).
   HB se legalizó como partido en el año 1986 y obtuvo 16% de los votos en las últimas elecciones autonómicas en Euskadi (1994).
   Los representantes electos de Herri Batasuna ejercen sus actividades en los ayuntamientos pero se niegan a asistir y tomar parte (salvo puntualmente en casos excepcionales) en las reuniones de las Cortes Generales y de los Par-

lamentos autonómicos. Con su ausencia y abstención HB quieren poner de manifiesto su no reconocimiento del carácter democrático de las instituciones existentes en el País Vasco.
HB (brazo político de ETA) no oculta en ningún momento su convencimiento de que las acciones armadas de ETA son necesarias para avanzar hacia la independencia de Euskal Herria.
HB forma parte del complejo ETA y, como poco, es una retaguardia tan comprometida como la vanguardia armada en la lucha común contra el Estado español.

4. El autor opina que la mayoría de los vascos no apoyan ni los fines ni los métodos de ETA. Su opinión está patente en su afirmación de que los vascos serían los primeros en agradecer a ETA su autodisolución.
Yo creo que, referente a esta problemática, hay que diferenciar mucho.
Por una parte existen en el País vasco más de 150.000 electores que dan su voto a un partido que no sólo acepta los fines y métodos de la organización armada, sino que se considera representante de esta ideología en los diversos gremios administrativos y políticos. Una parte no pequeña de la juventud vasca que tras sus estudios no puede encontrar empleo, y que apenas recibe apoyo moral en una sociedad materialista y sin principios éticos puede ver y ve en ETA un ideal libertador. El invasor es para ETA la causa de todos los males que existen en Euskadi, desde la falta de trabajo hasta hasta la relajación de las costumbres y la moral. El éxito de esta ideología puede verse reflejado en el número de jóvenes asociados a Jarrai.
Es posible que la mayoría de los vascos estén contra ETA. Sólo cabría preguntar cómo le es posible a una organización persistir durante más de cuarenta años sin el apoyo de parte del pueblo.
Yo diría que no es pequeño el número de vascos que son partidarios de algunos de los fines de ETA: desmenbración del País Vasco del resto de España, creación de una Euskadi libre. Sus metódos no son aceptados, pero sí consentidos. Criminales, pero nuestros.

Problemas psiquiátricos

Mi amigo es ciudadano de un país miembro de la Unión Europea y es patente su condición de persona culta y con una sólida formación jurídico-constitucional. Conoce muy bien España y viene con regularidad tanto por razones profesionales como por el simple placer de hacer turismo y hablar con sus amigos españoles. Hace ahora veinte años fue uno de los que elogiaron con más entusiasmo nuestra transición a la democracia y lo que, en su opinión, fue un insólito «milagro político» que él concretaba en tres puntos: una monarquía integradora, un sistema democrático basado en el más amplio pluralismo y un Estado autonómico que resolvía con inteligencia y generosidad los viejos pleitos regionalistas, transformados después en «nacionalismos periféricos».

De nuevo ha llegado mi amigo a Madrid, en pleno debate del Senado sobre el Estado autonómico y mientras la situación en el País Vasco se deteriora a ojos vista. Y reconoce, confuso y defraudado, que no entiende nada. Su añeja confianza en el sentido práctico y en la capacidad creativa de los españoles se tambalea y no vacila en espetarme un contundente aunque cariñoso «Pero, ¿os habéis vuelto locos?» De menos a más, a mi amigo le parece de auténtica carcajada que en el debate del Senado los presidentes autonómicos utilicen sus respectivas lenguas vernáculas en vez de la lengua común. Entiende, y le parece estupendo, que en las Comunidades autónomas se potencie el uso de las lenguas regionales, mientras se queja de que en su país se han despreciado y maltratado. Pero no logra comprender que en el Parlamento nacional no se utilice siempre y obligatoriamente la lengua que todos saben y entienden. En su buen español califica esto de «una memez» y como en su ciudad de residencia se ha abierto un concurrido Instituto Cervantes, no concibe que pretendamos difundir en el extranjero «vuestra lengua universal», mientras la tratamos en casa con poco respeto.

Pero le parece todavía más incomprensible que el presidente catalán diga que «Cataluña no ha encontrado su lugar en España» («¿Al cabo de quinientos años?») y que aspire a fórmulas de «integración (?) que, en su opinión, no tienen ninguna tradición en el Derecho constitucional europeo y que encubren, dice, la voluntad de crear un Estado propio y separado. («¿Es que no tenemos ya bastantes Estados en Europa?»). «Con estos planteamientos – continúa – ¿cómo puede quejarse de que Cataluña tenga mala imagen en el resto de España?». Para este hombre sensato el afán de hacer de las diferencias – «eso que llamáis aquí, tan estúpidamente, hechos diferenciales» – un argumento político capital es como circular en coche sólo con la marcha atrás: «¿Pero no estamos intentando los europeos minimizar nuestras diferencias, sin negarlas, y parecernos cada vez más, hasta en el dinero que vamos a llevar en el bolsillo?».

Pero lo que más preocupa a mi amigo, con mucho, es la situación del País Vasco, «con las calles en poder de los terroristas – dice –, la Justicia absolviéndoles y algunos políticos cortejándoles». Para él la causa principal es lo que considera «errática política» de los nacionalistas demócratas, «que son más lo primero que lo segundo». «¿Pero no se dan cuenta de que están jugando con fuego? – me dice – ¿A qué viene esa actitud claudicante y equívoca frente a ETA y HB?».

Le pedí que no siguiera porque no estaba en condiciones de contestarle a unas preguntas que yo también me hago. Pero no se privó, como colofón, de darme su última opinión: «A mí me parece que el problema vasco y el de los nacionalismos en general, más que un problema político es un problema psiquiátrico. Y lo peor es que os están contagiando a todos».

Alejandro Muñoz Alonso, ABC, 15-3-1997 *(616 palabras)*

Anotaciones

1 patente: evidente, claro, manifiesto ↔ latente
5 elogiar: alabar, aplaudir [loben]
6 insólito/a: excepcional, singular
9 generosidad (f.): magnanimidad, liberalidad [Großzügigkeit]
12 deteriorarse: empeorarse, hacerse peor
a ojos vistas: claramente, abiertamente
13 añejo/a: de muchos años, viejo
14 tambalearse: fluctuar [wanken]
15 espetar: decir claramente
16 de auténtica carcajada: irrisorio, absurdo
18 vernáculo/a: nativo, regional
19 potenciar: incrementar, favorecer
23 memez (f.): estupidez, necedad [Dummheit]
24 concebir: entender, comprender
28 aspirar a: querer, pretender, anhelar
29 encubrir: ocultar, esconder
35 con marcha atrás: [im Rückwärtsgang]
40 cortejar: galantear [umwerben]
43 claudicante: extremamente inseguro
45 privarse: renunciar, abstenerse

Cuestionario de estudio

1. Estructure y resuma en unas quince líneas el contenido del texto.

2. ¿Qué piensa el amigo del autor del empleo de las lenguas vernáculas en el Senado?
¿Cómo justifica su opinión?

3. ¿Por qué le preocupa la situación política actual de Cataluña y del País Vasco?

4. ¿Tiene, en su opinión, el llamado «problema vasco» una solución?
Fundamente su respuesta.

5. Enumere y comente algunos de los recursos lingüísticos que aparecen en el texto.

Cuestionario de estudio

1. El texto se puede estructurar en tres partes.
   En la primera parte, que va hasta la línea 10, el autor presenta a un amigo suyo que vive en el extranjero (el autor no nos dice el país en el que habita) y que, al parecer, además der ser abogado es un buen conocedor de España. Su amigo, en su día, admiró el pacífico y cuerdo paso de la nación española de la dictadura a la democracia.
   La segunda parte, que concluye en la línea 44, se puede dividir en tres subpartes que coinciden con los párrafos dos, tres y cuatro.
   En el primer párrafo de esta parte formula el autor el estupor de su amigo por la falta de lógica y cordura en el empleo de las lenguas durante las sesiones del Senado y por el poco «respeto» con que se trata al castellano en España.
   En los dos párrafos siguientes se alude a los planteamientos, para él incomprensibles, actuales del problema de las Autonomías vasca y catalana.
   En la tercera parte, comprendida en el párrafo final, el autor deja hablar a su amigo quien concluye que el problema de los nacionalismos más que un problema político parece ser un problema de sensatez.

2. Su amigo comprende y aprueba que se incremente el conocimiento y el uso de las lenguas de las respectivas Comunidades Autónomas, mas encuentra absurdo que los presidentes de las mismas las utilicen en sus intervenciones en el Senado. Por una parte se intenta difundir el castellano como lengua universal, por ejemplo mediante la creación de institutos Cervantes en las principales ciudades del mundo y por otra no se emplea como lengua común en España aun cuando la mayoría de los oyentes, como en el caso del Senado, sean incapaces de comprender las otras lenguas españolas.

3. Las pretensiones autonómicas e independentistas de Cataluña y del País Vasco son para el amigo del autor algo anacrónico, retrógrado y sin fundamento en la práctica del Derecho constitucional europeo. Por un lado, se intenta en Europa eliminar o al menos disminuir las diferencias, incluso a nivel monetario y, por otro, se pretende subdividir los Estados existentes intentando crear nuevas nacionalidades con territorios propios.
   Otro punto que le inquieta enormemente es la situación actual del País Vasco, donde los terroristas se han adueñado de la calle, los jueces absuelven a personas que han cometido verdaderos crímenes y algunos políticos demócratas parecen alentar a los separatistas radicales en sus cometidos terroristas y no tienen la valentía de denunciar a las agrupaciones políticas que los apoyan.

4. La cuestión vasca es un problema de muy difícil solución.
   El diálogo necesario para obtener la pacificación del territorio, paso, a mi entender, previo y absolutamente necesario para llegar a una duradera solu-

ción del problema, hoy por hoy, no es posible. Los nacionalistas radicales se consideran un pueblo invadido y subyugado que, para existir dignamente, tiene que liberarse de sus opresores. El Gobierno no considera legal el pactar con personas y grupos de personas cuyos graves delitos los sitúan fuera de la ley.

Por otra parte la promiscuidad de personas e ideologías que hoy conviven (o «malconviven») en el País Vasco hace imposible que por medios democráticos, por ejemplo mediante un referéndum, se pueda determinar lo que realmente quieren los vascos.

Yo opino que si un día, hoy no lo es, el deseo de la mayoría de los vascos es la independencia política de Euskadi, España no tiene ningún motivo convincente para no concedérsela.

5. El primer recurso que salta a la vista de este escrito es su forma de «relato». Este recurso literario, muy parecido al genero epistolar, pero mucho menos frecuente, permite al autor hacer afirmaciones que en otro estilo sería muy inadecuado, incluso imposible, formular o probar. Por ejemplo, decir que el problema de los nacionalismos no es una cuestión política, sino pisiquiátrica es tildar de *locos* a los nacionalistas tanto vascos como catalanes.
   Lo mismo se puede decir del empleo de algunos términos que en este contexto se podrían considerar tabú: «memez», «estúpidamente».
   En el párrafo tres encontramos dos interrogaciones retóricas con las que el autor quiere hacer ver que un nacionalismo disgregador en la Europa de nuestros días es contraproducente y absurdo.
   El símil del tercer párrafo «circular en coche sólo con marcha atras» tiene el mismo fin que las mencionadas interrogaciones retóricas.
   Obsérvese también la ironía en el juego de palabras y de sonidos «errática política» y la conclusión «que son más lo primero que lo segundo».

Una niña vasca

Lo escucho en el contestador automático de mi teléfono: una mujer llama desde el País Vasco y cuenta el caso de una niña de seis años; hija de un guardia civil, que todos los días, al salir de casa con su padre para ir al colegio, le recuerda: «¿Has mirado bien debajo del coche? A ver si vamos a tener una bomba y no te has dado cuenta». Seis años. Seis años y sin embargo ya sabe que los guardias civiles y sus familias pueden volar por los aires si no se mira bien debajo del coche. Qué horror. Quizá esa niña tiene amigos huérfanos, o tiene amigos mutilados por haber sido acompañados al colegio por su padre. (...)

Son demasiadas preguntas sin respuesta ante un contestador automático que nos pone frente a frente con lo más crudo del terrorismo, los niños víctimas de una situación que no tiene ni pies ni cabeza. No se entiende que ETA siga matando, que siga empeñada en reivindicar lo que ya no quiere la mayoría de los vascos, y que por insistir en sus reivindicaciones llene de sangre y de muerte a una España que no encuentra sentido a esa banda que trata de imponer su criterio con tiros en la nuca y tiene el cinismo de hablar de democracia, libertad y paz.

Estos días en los que vivimos la polémica del encarcelamiento del hombre más emblemático de la lucha antiterrorista desde Inchaurrondo, son muchas las reflexiones que nos llenan la cabeza. Mientras nos llegan los datos que puedan probar la inocencia o culpabilidad del general Rodríguez Galindo, lo que sí parece evidente es que en ese famoso cuartel se produjeron escenas que provocan el rechazo total, sin que ello signifique que el cuartel entero haya sido partícipe de esas escenas ni signifique tampoco que los guardias civiles destinados a Inchaurrondo sean bárbaros que no se detienen ante la tortura si de esa forma consiguen una información que consideran vital. Que trabajen los jueces, y mientras llegan a sus conclusiones dejemos en paz a una guardia civil que ha vivido ya suficientes dramas en su historia reciente, y a la que sólo le falta, para hundirla definitivamente, que determinados políticos y determinados medios de comunicación anden ahora generalizando y poniendo cruz y raya a todo un cuerpo que ha demostrado sobradamente su profesionalidad, y al que en ningún modo se puede culpabilizar por lo que hayan podido hacer media docena de guardias que han actuado con la misma sinrazón que los más bajos delincuentes.

Esa niña de seis años que recuerda todos los días a su padre que mire bien debajo del coche no merece determinados comentarios en los que se cuestiona el trabajo de los «picos» y de los militares del País Vasco, donde se han dejado bastante más que la piel en defensa de la paz y el orden, viviendo en situaciones límite de forma permanente. La mayoría de los militares ocultan lo que son, por miedo al rechazo social, a que su mujer sea insultada en la cola del super o sus hijos llamados «chakurras». Los guardias civiles que viven en Inchaurrondo apenas conocen su entorno, por medidas de seguridad y por miedo a que sus familias – si están allí – puedan pasar por la humillación de verse insultadas por los extremistas de siempre, que cada vez son menos, pero que todavía son suficientes como para hacer pasar un mal rato a quienes no comulgan con sus ideas. Que se lo digan si no a quienes siendo vascos por los cuatro costados han dado la cara a favor de la no violencia y en contra del terrorismo. Todos ellos saben bien que ETA mata y que HB y Jarrai insultan, y que no hay suficientes jueces valientes allá como para actuar con suficiente contundencia contra los que protagonizan algaradas callejeras de graves consecuencias. Algunos de esos jueces se acoquinan ante los violentos, que se envalentonan cuando no se les mete mano o cuando sus abogados consiguen que los testigos de la acusación sean identificados con nombre, apellidos y hasta la dirección si se tercia.

La cría seguirá recordando a su padre que mire debajo del coche, pero afortunadamente para ella no se enterará nunca de algunas de las cosas que ocurren a su alrededor.

Pilar Cernuda, Blanco y Negro, 16-6-1996 *(Palabras: 725)*

Anotaciones

8 huerfano (m.): niño al que le falta uno o los dos de sus padres
mutilado/a: inválido [verstümmelt]
10 crudo/a: duro, incomprensible
12 seguir empeñado/a: obstinarse [beharren]
14 tiro (m.) en la nuca: [Genickschuß]
17 Inchaurrondo: población vasca
19 Rodríguez Galindo: general de la Guardia Civil
26 hundir; aquí: destruir, aniquilar, exterminar
28 poner cruz y raya a: acabar con, hundir
31 sinrazón (f.): injusticia, improcedencia
34 pico (m.); aquí: [Streikposten]
37 super (m.); aquí: supermercado
38 chakurra (m.): inculto, analfabeto
46 contundencia (f.): decisión
48 acoquinarse: acobardarse, atemorizarse
envalentonarse: chulearse, fanfarronear: [sich als Held aufspielen]
49 meter mano: atacar

Cuestionario de estudio

1. Estructure y resuma en unas quince líneas el contenido del texto.
2. ¿Qué nos cuenta Pilar Cernuda de una niña vasca?
3. En la parte central del texto la autora nos habla de Rodríguez Galindo.
   a) ¿Qué sabe usted de esta persona?
   b) ¿Condena la autora la actividad de la Guardia Civil en el País Vasco?
4. Una de las exigencias de ETA y de los partidos nacionalistas radicales es la salida de los militares y de las Fuerzas del Orden Público estatales del territorio vasco.
   a) ¿Cómo justifican esta exigencia?
   b)¿Piensa usted que el Gobierno Central puede acceder en las circunstancias actuales a esta exigencia?

Cuestionario de estudio

1. El texto que vamos a analizar se puede estructurar en cuatro partes.
En la primera parte, que coincide con el primer párrafo, la autora nos habla de una niña que todas las mañanas, antes de ir a la escuela, tiene miedo de ser víctima de un atentado.
El fragmento comprendico en las líneas 9-14 se puede considerar como un pasaje de transición, en el que la autora reflexiona sobre el sinsentido y las contradicciones de la actividad terrorista de ETA.
La tercera parte está dedicada a dos temas:

    a) La cuestión de Rodríguez Galindo y los GAL, cuya actividad es rechazada por la autora.

    b) La situación de la Guardia Civil en el País Vasco. Los miembros de la Guardia Civil que prestan servicio en Euskadi arriesgan cada día su vida y la vida de sus familiares en defensa de los derechos de los ciudadanos vascos y tienen que soportar el rechazo y las injurias de no pocos euskaldunes.
La autora concluye el texto expresando un deseo: la niña seguirá pidiendo lo mismo a su padre. Pero quizá la situación absurda mudará pronto y de mayor no llegue a enterarse totalmente de las absurdidades del mundo que ahora le rodea.

2. Pilar Cernuda nos habla de una niña de seis años que es hija de un guardia civil que está de servicio en el País Vasco. Esta niña, todos los días, antes de que su padre la lleve al colegio, le pide que controle si debajo del coche hay alguna bomba porque sabe que en el País Vasco se atenta contra personas que tienen la profesión de su padre.

3. GAL (Grupos Antiterroristas de Liberación)

    a) Enrique Rodríguez Galindo es general de la Guardia Civil y antiguo responsable del cuartel de este Cuerpo en el barrio donostiarra de Intxaurrondo. Galindo fue considerado durante mucho tiempo el mejor experto en la lucha contra ETA.
A Galindo se le ha relacionado con turbios asuntos de narcotráfico y proxenetismo, y ha sido acusado de disponer de varias identidades (según él, «por razones de seguridad») que utilizó para enriquecer su patrimonio personal con cargo a los fondos reservados durante su etapa como responsable de la 513 Comandancia de la Guardia Civil (Intxaurrondo). Algunos de sus hombres han sido procesados y condenados por torturas, atracos, proxenetismo o narcotráfico.
Enrique Rodríguez Galindo estuvo implicado en la organización y en las actividades criminales del GAL (Grupos Antiterroristas de Liberación). Dos de los episodios más graves ocurridos durante su mando en Intxaurrondo fueron la

desaparición de Mikel Zabalza, que fue detenido, conducido al cuartel de la Guardia Civil para ser interrogado y hallado muerto días después en un río y los asesinatos de José Antonio Lasa y José Ignacio Zabala 1985.
Javier de Liaño, juez de la Audiencia Nacional, mandó detener al general en mayo de 1996 y confirmó la prisión provisional para Enrique Rodríguez Galindo, como autor de un delito de detención ilegal, torturas y asesinato y fijó una fianza de cien millones de pesetas para cubrir su responsabilidad civil. Sorprendentemente, fue excarcelado en el mes de agosto de 1996, a pesar de la gravedad de los delitos que se le imputan. Gómez de Liaño lo ha vuelto a ingresar en prisión, tras negarse a pagar la fianza establecida por el juez.

b) Pilar Cernuda no condena la actividad de la Guardia Civil en el País Vasco. Admite que puede haber guardias civiles que, como en el caso del cuartel de Inchaurrondo, no tienen ninguna dificultad en aplicar torturas para obtener informaciones importantes. La autora respeta y admira la actividad de la Guardia Civil en el País Vasco porque sus componentes arriesgan sus vidas en defensa de los derechos de los habitantes del País Vasco. Con lo que la autora (como indicábamos más arriba) no está de acuerdo es con la situación de los guardias y de sus familias durante su estancia en Euskadi. Han abandonado sus regiones para garantizar y defender los derechos de los habitantes de Euskadi y tienen que vivir aislados u ocultar su identidad para no ser insultados, ofendidos, humillados e incluso agredidos, ellos y sus familias.

4. ETA y los partidos nacionalistas no están de acuerdo con la presencia de las Fuerzas del Orden Publico estatales en el País Vasco sobre todo por tres razones:
   - Para ellos el Ejercito Español todavía tiene ocupado al País Vasco.
   - Las Fuerzas del Orden Público, en su paracer, son agentes de la fuerza opresora y no tienen otra misión que la de perpetuar el estado de sumisión del País Vasco.
   - La garantía y defensa de los vascos no debe dejarse en manos extranjeras (españolas) por tratarse de una tarea que incumbe única y exclusivamente a los vascos.

   En las actuales circunstancias el Gobierno Central no puede acceder a esta petición porque la Comunidad Autónoma de Euskadi forma parte del Estado español y el Estado español se ha comprometido a defender los derechos de todos los vascos.
   La salida de las Fuerzas del Orden Público del País Vasco posibilitaría el incremento de la actividad terrorista. La mayor parte de los terroristas que han sido puestos a disposición judicial han sido detenidos por la Guardia Civil.

Recuperar la normalidad

La endogamia que alimenta la espiral de violencia en que vive ETA, la intolerancia de las facciones más duras de su aparato político, enquistadas en KAS, la existencia de un cuerpo de votantes significativo y con cautividad emocional y la conjunción de todo este conglomerado con conductas antisociales presentes en todo colectivo son elementos que catalizan la pervivencia en Euskadi del fenómeno terrorista. La terapia para superar el problema debe ser multidisciplinar y combinar, con un alto grado de consenso, los esfuerzos institucionales con la movilización social. Ambas han sido dos de las claves, junto a la imprescindible eficacia policial, que han llevado a la derrota de ETA.

La ETA de hoy nada tiene que ver con la nacida en la dictadura. La democracia permite la defensa de cualquier postulado político, aunque su contenido rebase previsiones constitucionales o estatutarias. La aspiración, en democracia, es siempre legítima, la reforma posible y la defensa de la misma sólo corre un riesgo: no conseguir los adeptos suficientes.

El irredentismo que exhiben ETA y KAS es una máscara tras la que se ocultan la iluminada contumacia de los últimos estalinistas que quedan a este lado del Atlántico y el impulso que a este tipo de organizaciones les da su propia capacidad para el crimen. El nacionalismo ha desaparecido de su ideario.

ETA fue referencia para ciudadanos que por su conexión con la historia reciente de nuestro país y su erróneo conocimiento de capítulos anteriores adjudicaban la conservación de la personalidad del pueblo vasco a una irreductible resistencia.

Sin embargo, la pervivencia de la nacionalidad vasca, encajonada entre grandes estados, sólo es posible con habilidad y diálogo, y tiene más que ver con pactos que con hazañas bélicas. Así ha sido desde la «voluntaria entrega» al Estatuto de Gernika.

Es complicado para quienes han vivido alentados por estos mitos reconocer posibilidades a conductas firmes, pero además elaboradas, diplomáticas y laboriosas, y más aún cuando ese reconocimiento implica la asunción de un prolongado error personal. A esta posición se añade a veces el miedo, y en otras, la vinculación familiar con el «mundo de las cárceles». Quienes navegan en estas tormentas necesitan puertos seguros a los que ir.

Las conductas criminales amparadas tras esta situación producen dolor y odio, pues destruyen valores éticos y normas democráticas sin el mínimo aspaviento de quienes perciben que hay que superar la situación.

Contra este problema es necesaria la unidad de acción de quienes queremos vivir en sociedad y sometidos a unas reglas de juego para rescatar la normalidad. Es una demostración permanente de la fuerza que tiene la voluntad popular. Desde esa posición, cualquier criterio que se adopte para reducir esta fractura tendrá la legitimidad de las criaturas nacidas en democracia.

Juan María Atutxa, EL PAIS, 13-5-1993 *(452 palabras)*

La víctima no cuenta

Tristeza, mucha tristeza. Asombro e indignación y quizás algún sentimiento que no se puede nombrar con palabras es lo que se puede sentir estos días, con tanto revuelo formado por unas torturas inexistentes a un asesino. ¿Y la víctima? ¿Qué pasa con las víctimas del terrorismo?

Los terroristas, y su entorno, saben a ciencia cierta que por desgracia de los pacíficos, gozan en este país de unos derechos hacia ellos mismos que no goza ningún delincuente en ningún lugar del mundo, solamente aquí. ¡Qué publicidad gratuita se le hace a esa pandilla de indeseables! Ellos son los torturados, los que mantienen a una persona en un zulo durante catorce meses, sin derecho a nada ¿o quizas sí? A llorar. Ellos son los oprimidos, los que queman autobuses y destrozan todo lo que encuentran a su paso. Ellos son los agredidos, los que pegan palizas o queman al ciudadano anciano o joven, que valientemente les recrimina su actitud. En definitiva, ellos no tienen libertad de expresión, porque mantienen a todo un país empapelado con carteles y pancartas, embadurnando con pintadas sus calles, reivindicando derechos e intentando convencer a no sé quién.

Está visto que, aquí, está hecha la justicia para el delincuente. La víctima no cuenta para nada. Pero lo más increíble de todo, es que quienes nos intentan imponer sus ideas, son el diez por ciento de la sociedad votante vasca y si tenemos en cuenta que sólo vota el sesenta por ciento de la sociedad, cada uno que saque sus conclusiones. Porque lo que sí estoy seguro, es que ellos votan todos.

José María Martín, El Correo, 20-3-1997 *(277 palabras)*

Euskera y castellano

Quiero contestar a Teodoro Soto y a M. B. Aurrekoetxea que replicaron a la carta, no a los argumentos de la carta, en defensa de una postura de insumisión al euskera.

Señor Soto: decir que como es usted nacido en Castilla su idioma es el castellano y no el español... será una broma ¿no? Es como si los canadienses, por ejemplo, dijeran que su idioma es el canadiense y no el inglés, o el francés.

Porque ante la disyuntiva de elegir entre las denominaciones español o castellano, es evidente que las razones para que sea español son de mucho más peso. De hecho, la única razón para llamarle castellano es que, naciendo en vascongadas, se extendió más rápidamente por Castilla y allí permaneció como lengua única. Pero para el resto de sus hablantes, de otros pueblos de España y de los más de trescientos millones de extranjeros, no cabe duda de que su nombre es español. En cualquier caso, para los españoles tanto monta. Es una necedad distinguir idioma español de idioma castellano como hace usted. Caiga en la cuenta de que estamos hablando de lenguas, no de nacionalismos ni de política. Y, a ambos, les repito que el castellano nació en tierras vascas, por lo que es tan vasco o más que el euskera, cuyo origen no conocemos.

Que por lo tanto, para vivir en Euskadi, es necesario y suficiente conocer la lengua castellana puesto que todos sus habitantes la dominan y además es una lengua auténticamente vasca. Imponer entonces a los castellano-parlantes la obligación de aprender euskera es, además de innecesario y despilfarrador, un insulto a la lengua materna de la gran mayoría por cuanto se la está menospreciando al no reconocer su valor.

Que la libertad para utilizar una de las dos lenguas propias no conlleva la obligación de los demás a entender o a responder. M. B. Aurrekoetxea: puede usted dirigirse en euskera o en castellano a quien quiera, esa es su libertad, pero no puede exigir que le contesten o le entiendan, salvo los servicios públicos.

Respecto a las limitaciones que existen para que su hijo pueda estudiar cualquier carrera en euskera, estoy con usted en que la Administración debe poner los medios necesarios. Pero yo, lo único que pido es que a mi hijo no se le obligue a ello porque desconoce el euskera y con el castellano tiene bastante.

Ignacio Luis de Larrea, El Correo, 30-7-1993 *(396 palabras)*

El asco

Mientras el Estado democrático se esfuerza en juzgar las acciones criminales de los Grupos Antiterroristas de Liberación (GAL), ETA hace lo posible por justificarlas ante la opinión pública e incluso por extender su espíritu – la venganza personal y la ley del talión – entre la sociedad. Su actual escalada de atentados, en la que su pretendida acción revolucionaria se reduce al asesinato indiscriminado, es la gota de agua que desborda el vaso de asco popular contra el proceder de estos sembradores de cadáveres.

Quizá ETA busque conscientemente las reacciones exasperadas entre la población, convencida de que, en el callejón sin salida en que se halla, lo peor – una táctica de tierra quemada frente al conjunto de la sociedad – puede reportarle alguna ventaja momentánea.

De ser así, sería una prueba fehaciente de su situación desesperada y de que, perdido el norte de sus referencias históricas, sólo el matar por matar como medio de provocar al Estado y a la sociedad sería el oficio elegido. De ahí que comportarse como la organización terrorista quiere resulte servir indirectamente a sus intereses. La reacción de los presos de la cárcel de Burgos ante el atentado de ETA en la prisión de Sevilla – un funcionario, dos reclusos y un familiar muertos por la explosión de un paquete bomba – es humanamente comprensible en cuanto manifestación espontánea del horror producido por la matanza. Pero es obvio que, más allá de estos límites, la amenaza de muerte que se lanza contra los reclusos de la organización terrorista – cerca de 500 en las prisiones españolas – merece el más absoluto rechazo.

No existe duda alguna de que los responsables de las prisiones habrán tomado las medidas pertinentes para asegurar la integridad física de los presos de ETA. Pero, además, responsables y funcionarios penitenciarios deben cuidar de que nada de lo que hagan o digan pueda ser interpretado a favor de esta amenaza de guerra carcelaria. El Estado de derecho, por definición, no puede hacer distingos en la aplicación de sus reglas.

Editorial, EL PAIS, 4-7-1991 *(330 palabras)*

Los cachorros de ETA

No andemos con bromas. Esos muchachos de Jarrai e «Y» no son gamberros, no son profesionales de la algarada callejera, no son protagonistas del sábado noche, no son pendencieros de poca monta. Esos muchachos de hoy son candidatos a etarras en el futuro.

Esos muchachos a los que algunos se empeñan en considerar revoltosos de poca monta, están en la estrategia del miedo, utilizan métodos que pueden confundirse con los que se suelen ver en los «heavy» o «skin heads», pero por dentro son bien distintos. Hoy su violencia es parecida a la de esos grupos habituales de la violencia, pero tras los puñetazos, patadas y empellones a quien se les ponga por delante, vendrá el tiro en la nuca al que tan lamentablemente acostumbrados nos tienen los hombres y mujeres de ETA. Hoy se sienten muy valientes, muy patriotas – un patriotismo nefastamente entendido – , muy machos, agrediendo con los puños y con los pies, pero después de haber pasado por ese bautismo leve vendrá el bautismo de sangre y se les iniciará en el aprendizaje en explosivos; en «cócteles molotov» primero y en la metralla y el «goma dos» a continuación.

Las Fuerzas de Seguridad del Estado y la Ertzaintza no se hacen muchas ilusiones sobre esos dos mil personajes de Jarrai que se han echado a la calle a seguir las consignas recibidas, amedrentar, amedrentar, amedrentar. Saben esas Fuerzas del Orden que los de Jarrai irán a más y a corto plazo los van a tener enfrente empuñando la pistola y el detonador del «cochebomba». Y les inquieta su crecimiento: en los últimos meses ochocientos muchachos vascos han sido captados para formar parte de esos grupos vinculados a KAS; muchachos que son el embrión de una ETA que necesita desesperadamente savia nueva para permanecer activa tras el descabezamiento sufrido en los últimos años y la creciente pérdida de apoyo popular. Pierden apoyo popular y captan entonces a casi niños, fácilmente manejables, influenciables y siempre dispuestos a marcar su propia identidad con gestos contrarios a lo que marca la corriente o a lo que marca el entorno familiar.

Ojo con esos jóvenes cachorros. En ellos está el peligro y en las últimas semanas se han demostrado expertos en la estrategia del miedo. Y hay alguna fuerza política en el País Vasco a la que le va bien la estrategia del miedo, la utiliza habitualmente y consigue buenos votos en esa dinámica. A los chicos de Jarrai se les ha colocado en primera línea de actuación en estas semanas electorales, y no es por casualidad: ETA pretende que de nuevo los vascos de cuerpo entero se sientan sobrecogidos, tensos y con su libertad mediatizada.

No nos empeñemos en dar por bueno el mensaje de normalidad que nos « venden» desde distintos sectores vascos. Esa normalidad es un deseo, una esperanza, pero hoy por hoy son muchos los vascos que se mueven en la anormalidad más manifiesta. La crispación es un hecho, y los debates entre candidatos son prueba evidente. En el resto de España se cruzan acusaciones de todo tipo que hacen mella, pero finalizado el debate los contendientes se dan un abrazo y a correr, tirarse los trastos a la cabeza son gajes del oficio, y en eso queda todo. Sin embargo, entre los candidatos de las fuerzas vascas, las fuerzas democráticas vascas, se advierte una tensión que va más allá de los mensajes electorales. Hablar de autodeterminación significa abrir la caja de todos los truenos, las palabras españolista o nacionalista han llegado a esgrimirse como insultos, se pasan facturas del pasado cuando en otras regiones se han superado con creces, y sin dobleces, los chaqueterismos y vaivenes de los profesionales de la política.

Las víctimas de esa crispación son las fuerzas vascas que defienden firmemente los métodos democráticos, y es víctima también el pueblo llano que quiere vivir en paz y en democracia. Los verdugos, sin embargo, se encuentran entre los que tratan de imponer su ley con todos los métodos que pone a su alcance la violencia. En esa estrategia los cachorros de Jarrai e «Y» tienen un papel fundamental. No nos engañemos: no son gamberros, sino carne de cañón para convertirse en futuros etarras.

Pilar Cernuda, Blanco y Negro, 21-5-1995 *(703 palabras)*

II
Racismo en España

Ilegales*

Cuando leo en los periódicos, cuando oigo llamar ilegales a seres humanos que para buscar un trabajo, que les haga posible sobrevivir a ellos y a sus familias, ponen en juego sus vidas, casi pierdo los nervios. Me refiero a esos desgraciados magrebíes que llenan las pateras que los trasladan de Africa a España, y que también llenan los bolsillos de los traficantes que se dedican al transporte de personas. Los futuros trabajadores ilegales africanos tienen que pagar a los traficantes cantidades astronómicas de dinero y los traficantes, que reciben el dinero por adelantado, no se hacen responsables de nada: ni de sus vidas ni de si llegan o no a un destino que muchas veces no existe.

Hoy día, los medios de comunicación hacen que el mundo sea más pequeño y transparente. Es algo muy normal que esos dos tercios de la humanidad que viven, mejor dicho, mueren en la miseria, intenten venir a este *paraíso terrenal* que los países desarrollados les mostramos en el cine y en la televisión. Ellos piensan que, a cambio de su trabajo, los países industrializados les vamos a dar algo de lo que nos sobra.

Mientras nosotros no podemos consumir gran parte de lo que producimos, los pueblos de lo que llamamos Tercer Mundo se ven aplastados entre dos posibilidades: la de morirse de miseria y de hambre en sus respectivos países – algo que para nosotros es completamente *legal* – o estrellarse contra el muro hermético que los europeos les hemos construido entre Europa y Africa. La construcción y existencia del muro las justificamos con la ayuda de leyes que, según nuestros expertos, protegen legalmente nuestro sistema económico y social.

Los *filántropos* europeos lanzamos continuas llamadas al respeto de los derechos del hombre en China, en Cuba, en Yugoslavia, en ... y no nos damos cuenta que, en nuestras propias leyes y en nuestra vida, muchas veces figura muy poco o casi nada la solidaridad, que es el verdadero fundamento y la única base del humanismo.

Delfín Rodríguez, EL PAIS, 7-11-1993 *(329 Wörter)*

* Entnommen aus: Martí/Lalana, Intensivkurs Spanisch

Anotaciones

3 poner en juego: arriesgar
perder los nervios: no poderse dominar [die Fassung verlieren]
5 llenar los bolsillos de: hacer ricos a
8 por adelantado: [im Voraus]
11 dos tercios: 2/3; 66,6 por ciento
12 paraíso (m.) terrenal: [Paradies]
14 a cambio de: por
15 nos sobra: tener y no poder emplear
17 verse aplastado/a; aquí: estar desesperado /a
19 estrellarse: [zerschellen]
23 filántropo (m.): persona que defiende los derechos de los hombres
lanzar una llamada a: apelar, reclamar
25 figurar: estar presente

Análisis y comentario

1. Resuma con sus propias palabras el contenido del texto.
2. ¿Qué dice el texto de las personas que se dedican a transportar a los magrebíes?
3. ¿Se puede decir que la idea que algunos africanos tienen de Europa es siempre objetiva?
Justifique su respuesta.
4. Enumere y explique causas por las que los magrebíes abandonan sus países.
5. ¿De qué acusa el autor del texto a los europeos?
¿Comparte usted su opinión?
Justifique su respuesta.

Cuestionario de estudio

1. El texto se puede dividir en tres partes.
   En la primera parte, que se extiende hasta la línea 9, el autor exterioriza su actitud de comprensión ante los magrebíes que arriesgan sus vidas para sobrevivir e intentan entrar en España, siendo por otra parte explotados impunemente por los bandos y mafias que organizan los viajes.
   La segunda parte se compone de dos subpartes que coinciden con los párrafos dos y tres.
   En la primera se hace alusión a la imagen idealista y falsificada del mundo occidental que los medios de comunicación divulgan en los países africanos.
   La segunda subparte presenta la situación absurda que existe en nuestro mundo actual: unos tienen que destruir gran parte de lo que producen por no poderlo consumir y otros mueren de hambre y no tienen la posibilidad de recibir lo que a los otros les sobra.
   En la tercera parte el autor delata la hipocresía de una sociedad que denuncia las injusticias existentes en algunos países del mundo y excluye de sus Constituciones valores tan fundamentales como la solidaridad.

2. Los que se dedican al transporte de los emigrantes africanos no están interesados en ayudar a los que trasportan, sino en beneficiarse lo más posible de sus actividades:
   - Exigen cantidades enormes de dinero por su labor.
   - Se hacen pagar el importe antes de comenzar su trabajo.
   - No toman ningún tipo de responsabilidad por los transportados.

3. La idea que los africanos tienen de Europa no es objetiva. A ello contribuyen sobre todo dos factores:
   - La radio y sobre todo la televisión que, gracias a las modernas técnicas de retransmisión, no conoce fronteras, muestran, sobre todo en su publicidad, una imagen paradisíaca de Europa, sin apenas aludir a los graves problemas existentes: Una sociedad en la que todo se puede obtener y consumir.
   - Los africanos que trabajan en Europa y que regresan a sus territorios durante la época de vacaciones no se pueden presentar a los suyos como frustrados y dan a entender con su actitud y sus palabras que han alcanzado todo lo que en la vida se puede obtener. La realidad es sin embargo muy distinta.

4. Las causas principales por las que muchos magrebíes deciden abandonar sus países son:
   - La catastrófica situación económica y social en la que se encuentran algunas capas de la sociedad en la que viven.
   - La despreocupación de los Gobiernos en lo que concierne a estos problemas.

- ➠ La intolerancia y fanatismo político e ideológico que practican algunos gobiernos y partidos políticos de estos países.
- ➠ La imagen «idealizada» que reciben por los medios de comunicación de la vida en Europa.
- ➠ Las falsas promesas de las bandas que se dedican al transporte de las personas que quieren emigrar.

5. Los europeos se muestran y se declaran aparentemente muy preocupados de que se respeten los derechos humanos en el mundo pero en sus comportamientos, en su vida diaria cuenta muy poco la solidaridad.
   La crítica del autor es muy acertada.
   Nos manifestamos contra la opresión política en China o en Cuba, contra el hambre en el Africa central, contra el maltrato de los niños de la calle en Brasil e incluso contribuimos económicamente para mejorar la situación sanitaria en la India. En estas actitudes no hay nada que criticar.
   Quizá derberíamos también reflexionar sobre nuestro humanismo en la vida de cada día.
   Solidarizarse con los que viven a más de 10.000 kilómetros de donde nosotros habitamos es probablemente más fácil que ver y combatir las injusticias que se dan en nuestro entorno. Transferir 100 marcos anualmente para la construcción de pozos de riego en el Congo es menos costoso que cambiar unas palabras con personas a las que obligamos a permanecer al margen de nuestra sociedad porque no tienen papeles que legalicen su estancia o que por motivos difíciles de enjuiciar objetivamente no pueden o no quieren adaptarse a la sociedad materialista en la que vivimos.

Respeto y racismo

El pasado miércoles 26 de febrero fui testigo de un terrible acto xenófobo y racista. Dos jóvenes magrebíes tuvieron que constatar que sus derechos más elementales no eran respetados por un camarero chulo y arrogante que se negó a servirles los cafés que los marroquíes le pidieron, diciéndoles que su presencia en el bar no era deseada. Y esta acción racista tiene lugar en la capital de un Estado que se llama España. Un país que no hace muchos años tenía que mandar a parte de sus habitantes a Alemania, Francia o Suiza para salir de la pobreza.

No me sorprende, sin embargo, esta falta de memoria, pues la gente olvida fácilmente su pasado y hoy ya no quiere recordar la incomprensión que nos causaba a los españoles que nos quedamos en la patria el que algunos de nuestros emigrantes no fueran totalmente aceptados en sociedades como la alemana, la francesa o la inglesa.

Tampoco me sorprende el desconocimiento que hay sobre estos inmigrantes del Norte de Africa. Se dice que son muchos, cuando la proporción de los emigrantes que se encuentran en España en relación a otros países de Europa es muy pequeña. Se habla de la invasión de extranjeros y se olvida que la mayoría de «inmigrantes» que hay en España no son magrebís, sino occidentales: norteamericanos, alemanes, franceses, ingleses, japoneses, etcétera.

Tampoco me sorprende la intolerancia que este desconocimiento provoca, pues desde el Gobierno se les da un trato meramente policial, se les trata como a delincuentes, sin tener apenas en cuenta sus problemas personales y contradiciendo en la mayoría de los casos las resoluciones internacionales como la Declaración Universal de los Derechos Humanos, y situándolos al margen de la legalidad.

Lo que en verdad me parece más preocupante es la pérdida de respeto hacia las personas concretas – dos seres humanos, en este caso, cuyo único delito es tener idiosincrasias diferentes a la nuestra –. No debemos acostumbrarnos a presenciar hechos inhumanos que, como el que aquí expongo, se van haciendo cada vez más comunes. No podemos permanecer pasivos ante la proliferación del racismo concreto que condena a los seres humanos por el mero hecho de tener otro color de piel o hablar una lengua que nosotros no comprendemos.

Iriaki Sanz Alonso, EL PAIS, 24-3-1992 *(380 palabras)*

Anotaciones

1 ser testigo de: ver, presenciar [miterleben]
3 chulo/a: presumido, orgulloso
7 salir de; aquí: liberarse de
14 proporción (f.); aquí: número, cantidad
17 occidentales; aquí: del Primer Mundo, de países industrializados
20 desde el Gobierno: por parte del Gobierno
dar un trato meramente policial: ver en ellos únicamente posibles malhechores
22 resolución (f.): convención, pacto
26 idiosincrasia (f.): manera de ser, mentalidad
27 hacerse común: ser frecuente, tener lugar muchas veces
proliferación (f.): multiplicación, aumento
28 mero/a: simple, único

Cuestionario de estudio

1. Resuma y estructure el contenido del texto.
2. Describa con sus propias palabras lo que Iriaki Sanz presenció en un bar.
3. ¿Qué contradiciones constata el autor en el comportamiento de algunos españoles?
4. El autor habla del desconocimiento existente en España sobre los inmigrantes del Norte de Africa.
   ¿Explique partiendo del texto y de las informaciones que hemos elaborado en la clase de español qué es lo que desconocen muchos españoles?
5. ¿Por qué no puede Europa abrir totalmente las fronteras a los emigantes de los países magrebíes?

Cuestionario de estudio

1. El texto se compone de tres partes.
   Iriaki Sanz Alonso relata en la primera parte el agravio que tuvieron que soportar dos jóvenes trabajadores extranjeros en un bar de parte de un camarero que no quiso atenderles por el mero hecho de ser marroquíes.
   En la segunda parte, que está contenida en los tres párrafos centrales, el autor menciona tres elementos que pueden explicar la incomprensible actitud de rechazo de los españoles frente a los trabajadores extranjeros:
   - Olvido del pasado: los españoles también fueron emigrantes.
   - Desconocimiento de la realidad: en España hay relativamente pocos emigrantes. La mayoría de los emigrantes (habitantes extranjeros) que viven en España no son africanos, sino que provienen del llamado «mundo desarrollado».
   - Para el Gobierno los emigrantes son únicamente delincuentes reales o en potencia.

   En la tercera parte el autor manifiesta abiertamente su desacuerdo frente a la actitud racista, tanto activa como permisiva, y denuncia y condena el incremento de la xenofobia en nuestra sociedad.

2. El autor vio cómo, en un bar de Madrid, un camarero se negó a servir los dos cafés que le pidieron dos jóvenes magrebíes. El empleado justificó su negativa diciendo que su presencia no era deseada; es decir que los propietarios del bar no querían que su local fuera frecuentado por magrebíes.

3. La incoherencia, que menciona el autor en los párrafos dos y tres, estriba en el comportamiento de algunos de sus compatriotas:
   - España también tuvo que fomentar y organizar la emigración para combatir la carestía que sufrió la nación desde la Guerra Civil hasta ya comenzados los años setenta.
   - Cuando algunos españoles tuvieron que emigrar a Europa, en España se acusaba a las naciones acogedoras de no ser lo suficiente tolerantes y comprensivos para con ellos.

4. El desconocimiento existente en España respecta no sólo a los hechos a los que hace referencia el autor y que hemos mencionado al resumir el texto (cantidad reducida con respecto a los que son acogidos en otros países europeos y en relación con el número de extranjeros que viven en España), sino también a aspectos humanos y sociales de las vidas, a veces trágicas, de los trabajadores extranjeros.
   - Soledad: Muchos de ellos han tenido que dejar a su familia en su patria y llevan una vida muy austera para poder mandar sus ahorros a sus hogares, sin tener apenas contacto con otras personas.
   - Explotación: No sólo en el trabajo donde, por una remuneración frecuen-

temente injusta tienen que realizar los trabajos que los nativos no quieren hacer, sino también a la hora de alquilar sus moradas. Muchos españoles no quieren tener inquilinos «extranjeros» y los que se las alquilan les exige mensualidades exorbitantes.

➠ Miedo: Tanto ante una sociedad que les es adversa como de ser expulsados por creer que un día su presencia se pueda considerar innecesaria e incluso nociva.

5. Europa no puede abrir totalmente las fronteras a los emigrantes de los países magrebíes porque los gobiernos europeos, en primer lugar, tienen responsabilidad de dar ocupación a los casi veinte millones de desempleados que se cuentan en la Unión Europea.
   La abertura incondicional de las fronteras significaría también una entrada incontrolada y la no aceptación por parte de los europeos contribuiría a la formación de guetos, suelos, a veces, bastante propicios para ciertas formas de criminalidad, como por ejemplo el tráfico de drogas. Los traficantes de drogas se aprovechan de la debilidad de ciertos grupos sociales para enrolarlos en sus «negocios».
   El éxodo masivo llevaría consigo una depauperación casi total ya que muchas de las personas que ejercen profesiones liberales o técnicas (médicos, ingenieros etc.) y reciben en sus países una remuneración relativamente elevada difícilmente podrían resistir a la tentación de trasladarse a Europa y ganar enormemente más de lo que reciben en sus países.

La mirada

Escribo para contar la historia de mi amigo Ahmed. Un buen día, como tantos otros jóvenes de los que deambulan ociosos por las calles de sus ciudades, Ahmed dejó Marruecos y pasó el Estrecho. Vino a España porque deseaba una vida mejor. Llegó hasta Madrid y decidió vender baratijas en la entrada de una estación de metro, como primer recurso hasta conseguir arreglar su autorización de residencia y permiso de trabajo.

Han pasado dos años, Ahmed todavía espera los papeles y continúa vendiendo en la entrada del metro. Le espera cada día una habitación oscura. Quiere mudar de vivienda, pero nadie se fía de un *moro*. Muchos madrileños parecen pensar que un emigrante puede vivir de cualquier manera. El aún sonríe porque no ha perdido totalmente el optimismo. No ha caído en el tráfico de droga, paga religiosamente todo lo que compra, y sigue esperando un cambio en su vida. Piensa que algún día alguien se decidirá a alquilarle una vivienda digna y a ofrecerle un trabajo fijo y de este modo poder legalizar su situación.

Los españoles también fuimos en su día distintos, abandonamos nuestro país en busca de una vida mejor. ¿Por qué no nos importa hoy cómo viven los emigrantes en España? ¿Cómo es que decimos que no somos racistas y, sin embargo, jamás alquilaríamos nuestro piso a un emigrante, y jamás seríamos sus amigos?

Ahmed ha escrito lo que sigue en silencio, sin rencor, para quien quiera leerlo: «He dejado mucho de mi vida en Africa, cosas muy importantes: como mi familia, amigos, patria, recuerdos de infancia, para poder realizar alguno de mis sueños y cambiar mi vida. Pero veo lo que deseo como si fuese aire que pasa demasiado rápido. Ya no sé si un día podré vivir una vida nueva».

Al final de su mensaje podemos leer también: «La mirada de la gente me hace sentir que no quieren extranjeros. Sus ojos me dicen que no tengo sitio aquí. Es sólo una manera de decirme sin palabras: «Fuera».

Isabel Marina Valdés, EL PAIS, 16-4-1993 *(340 palabras)*

Anotaciones

2 deambular ocioso: ir de un lado para otro por no tener trabajo
4 baratija (f.): cosa de poco valor
5 arreglar; aquí: poner en orden, legalizar
8 mudar de vivienda: alquilar otro piso [umziehen]
9 fiarse de: tener confianza en [jemandem vertrauen]
10 sonreír: reír con suavidad [lächeln]
12 religiosamente: exactamente
15 en su día: en el pasado
16 importar: interesar, preocupar
17 cómo es que: por qué
20 rencor (m.): resentimiento [Groll]
25 mensaje (m.); aquí: escrito, carta

Cuestionario de estudio

1. Resuma y estructure el contenido del texto.
2. Explique con sus propias palabras cómo tiene que vivir Ahmed en Madrid.
3. ¿Qué critica la autora de los españoles?
4. Exponga algunos de los motivos por los que no pocos españoles no aceptan la presencia de emigrantes en su país.
   ¿Comparte usted su opinión?
   Fundamente su respuesta.
5. ¿Ve usted alguna posibilidad de solucionar el problema de los trabajadores ilegales?
   Justifique su respuesta.

Cuestionario de estudio

1. El texto que comentamos se puede dividir en tres partes.

1ª parte
La autora presenta a Ahmed: un joven marroquí, que por estar desempleado en su país, ha decidido emigrar a España con la esperanza de encontrar un lugar de trabajo y mejorar de vida.

2ª parte
Esta parte se puede dividir en dos subpartes.
Tras describir la situación en la que se encuentra actualmente Ahmed en la capital de España (trabaja de vendedor ambulante, no encuentra quien le de trabajo y alquile un piso), la autora se pregunta si los españoles han olvidado su pasada, en el que tuvieron que abandonar su patria y vivir como emigrantes.

3ª parte
La autora deja hablar a Ahmed en los dos últimos párrafos de su artículo, citando dos fragmentos posiblemente de una carta del africano.
Ahmed ha perdido casi su esperanza de poder comenzar una vida nueva y lamenta el comportamiento de los españoles que con su forma de mirarlo le manifiestan que no aceptan su presencia en España.

2. Ahmed hace dos años que ha solicitado poder residir y trabajar legalmente en España, pero hasta hoy las autoridades no le han dado ninguna respuesta. El piso en el que habita reúne pocas condiciones («una habitación oscura»), pero no encuentra otro mejor. Vive honradamente (ni está implicado en el tráfico de drogas, ni se apropia de lo que no es suyo) y aún tiene esperanza de legalizar su situación y poder encontrar un puesto de trabajo.

3. La autora hace cuatro reproches a los españoles:
   - ➠ Desconfían de los inmigrantes. («Nadie se fía de un moro.»)
   - ➠ Se creen superiores a ellos. («Un emigrante puede vivir de cualquier manera.»)
   - ➠ Olvidan su pasado. («Los españoles también fuimos emigrantes.»)
   - ➠ Rechazan la presencia de los emigrantes en el territorio español. («Sus ojos me dicen que no tengo sitio aquí.»)

4 Algunos españoles piensan que los trabajadores árabes:
   - ➠ Bloquean los puestos de trabajo y los jóvenes españoles tienen que entrar en el paro.
   - ➠ Empeoran la situación de los obreros españoles porque aceptan condiciones económicas y laborales con las que los españoles no estarían de acuerdo.

   Otras causas del rechazo de los marroquíes por parte de los españoles son el miedo a lo extraño y el, para muchos, incomprensible comportamiento de los árabes que, por motivos religiosos y culturales, no intentan seriamente integrarse en la sociedad española.

Crítica de la actitud de rechazo:

- Muchos emigrantes llevan a cabo los trabajos que los españoles no quieren realizar.
- Contribuyen con sus impuestos a asegurar los sistemas de asistencia social de la nación.
- La mezcla de culturas es algo muy positivo. La comparación crítica hace ver las propias deficiencias.
- Una adaptación absoluta al mundo europeo puede llevar a la pérdida de la propia identidad.
- El tener miedo a todo lo desconocido es un signo de falta de cultura.

5. La situación de los «ilegales» en la Europa occidental es un problema grave y de difícil solución.
Por una parte, las posibilidades de dar trabajo a los inmigrantes que pudieran venir a Europa es limitada y los gobiernos tienen en primer lugar la responsabilidad de mantener o alcanzar el bienestar de los todos los ciudadanos de sus propias naciones.
Por otra parte, la solidaridad humana y la igualdad de derechos de todos los hombres, principios que reconocen y confiesan las naciones occidentales, debieran hacer imposible que estas personas sean detenidas y expulsadas como si se tratase de delincuentes.
Quizá la creación de lugares de trabajo por parte de los europeos en los países que estas personas abandonan, pudiera contribuir, de una forma eficiente, a resolver o al menos a aminorar este grave problema.

Temblar

Desde hace algunas semanas los marroquíes sólo hablan de las expulsiones de que son objeto algunos de sus compatriotas a causa de la aplicación de la Ley de Extranjería, que prevé la expulsión de los extranjeros que viven ilegalmente en España. Amed llegó a Barcelona en 1969, tiene su documentación en regla y un buen trabajo, pero no se siente seguro. «Si a otros marroquíes los han expulsado sin haber cometido ningún delito, nos puede pasar lo mismo a todos«. El cumplimiento de la ley, que les prohibe toda actividad laboral remunerada, sólo deja a los recién llegados dos posibilidades: el trabajo sumergido y la criminalidad. «¿Cómo si no es así, se puede vivir durante los ocho meses que tardan como mínimo en darnos el permiso de residencia si nos lo dan?», declara Amed.

El menú casi obligatorio de todas las fiestas que se celebran en el local de la calle de Sant Pau (Barcelona) es el cuzcuz. El centro marroquí cuenta con 300 socios que aportan una couta mensual de 200 pesetas. Los que viven en la provincia de Barcelona son los más asiduos. Ahora su atención se centra en las duras condiciones en que viven sus compañeros en las distintas comarcas catalanas. Hay socios que aseguran que algunos empresarios han distribuido sacos de dormir entre sus empleados norteafricanos, quienes pasan la noche a la intemperie, en el campo por miedo a ser detenidos por la policía, y que en varios municipios este miedo a la expulsión ha convertido a los inmigrantes en esclavos, en bestias que pasan la vida trabajando y escondiéndose.

«Sólo exigimos que se nos deje vivir como a personas», dice Amed ante las miradas atentas de sus compatriotas, que están viendo el telediario en el centro y que comienzan a temblar cuando oyen la palabra «expulsión». En el local que la asociación posee en la calle Sant Pau, los socios se reúnen los sábados para comer el cuzcuz, hablar en su lengua y sentirse por una horas al otro lado del Estrecho. ¿Tendrán ahora que cerrar el local? ¿Tendrán que esconder a los ilegales entre las masas del Barrio Chino, obligándoles a vivir de la droga y el contrabando?

Joaquín Utrera, EL PAIS, 26-06-90 *(365 palabras)*

Anotaciones

1 ser objeto de; aquí: ser víctima de, sufrir
2 aplicación (f.): [Anwendung]
3 prever: determinar
8 los recién llegados: los que acaban llegar a España
12 cuzcuz (m.): comida típica de Marruecos
13 aportar: pagar
14 asiduo/a; aquí: que va frecuentemente al centro
16 distribuir: entregar, dar
17 a la intemperie: fuera de las casas [unter freiem Himmel]
20 bestia (f.): animal
23 temblar; aquí: [vor Angst zittern]
25 al otro lado del Estrecho (de Gibraltar): en Marruecos
27 el Barrio Chino: zona próxima al puerto de Barcelona donde se practica la prostitución y el tráfico de drogas
contrabando (m.): [Schmuggel]

Cuestionario de estudio

1. Resuma el contenido del texto.
2. ¿Qué nos dice el texto de Amed?
3. ¿Cómo se explica en el texto el hecho de que algunos emigrantes se decidan a seguir el camino de la delincuencia?
4. ¿Quiénes se benefician de la estancia y situación de los trabajadores extranjeros que no pueden legalizar su situación?
5. La existencia de «ilegales» en los países de la Unión Europea constituye una cuestión de difícil solución.
¿Cómo podría en su opinión resolverse este problema?

Cuestionario de estudio

1. El texto se puede dividir en tres partes.

1ª parte
La rigurosa aplicación de la ley sobre la residencia de extranjeros que se acaba de publicar en España tiene muy preocupados a los marroquíes que se encuentran en España, incluso a aquellos que llevan ya muchos años residiendo y trabajando legalmente en el territorio español.

2ª parte
Los socios de un centro marroquí de Barcelona que se preocupan de la situación de sus compatriotas en la región catalana han constatado que:

- el miedo de algunos de sus compatriotas a ser expulsados los lleva a abandonar sus casas y dormir en el campo.
- la vida de algunos emigrantes marroquíes no se puede llamar humana ya que sólo viven para trabajar y esconderse.

3ª parte
Tras citar una llamada de un trabajador marroquí a la sociedad española, el autor se pregunta si la dureza en la aplicación de la ley sobre extranjeros no es uno de los motivos que puede llevar a los emigrantes a la vida delictiva.

2. Amed es un ciudadano marroquí que está en España desde el 1969 y tiene un buen empleo. Amed, a pesar de residir legalmente en España, tiene miedo de que un día pueda ser expulsado. En la tercera parte del texto el autor cita a Amed que pide a la sociedad española que sea más humana para con los marroquíes.

3. Dos son las causas que según el texto pueden llevar a los inmigrantes, sobre todo a los que no tienen permiso de residencia, a decidirse a seguir el camino de la delincuencia:
   a) Su precaria situación durante el largo tiempo que tienen que esperar la decisión de las autoridades sobre su solicitud de residencia.
   b) La dureza de la vida que les toca vivir. Su existencia se reduce a trabajar durante el día con miedo de ser descubiertos y ocultarse durante la noche.

4. Los que se benefician de la estancia y situación de los trabajadores extranjeros que se encuentran ilegalmente en España son los empresarios que les dan trabajo. Las razones que explican este hecho son las siguientes:
   - Pueden obligarles a hacer todo tipo de trabajo sin tener que atenerse a la hora de pagarles a ningún tipo de convenio laboral.
   - Por no tener que pagar seguros sociales les resultan muchísimos más baratos que los nativos.
   - Al no estar asociados en un sindicato u organizaciones similares, si los «ilegales» son maltratados y malpagados no tienen la posibilidad de defender sus derechos.

En resumen, los obreros ilegales constituyen para empresarios desalmados que se quieren aprovechar de su calamitosa situación una mano de obra muy barata y totalmente sumisa.

5. La situación de los ilegales en la Europa Unida es un problema grave y difícil de resolver.
Obligarles a abandonar Europa puede ser una medida legal, pero, a mi modo de ver, inhumana y a la larga inefectiva ya que la mayor parte de los expulsados no tardan mucho tiempo en volver.
La falta de trabajo en la Unión Europea puede que sea un argumento válido para restringir la inmigración. Quizá un restricción sea necesaria, pero a los que se encuentran entre nosotros habría que darles la posibilidad de legalizar su situación, sobre todo si tienen una ocupación fija.
Por otro lado, es un poco triste constatar que, en naciones en las que se encuentran muchos inmigrados africanos que a no pocos de ellos les toca realizar los trabajos más «bajos» y pesados. A veces en ciertas zonas parisinas, y no sólo en París, uno tiene la impresión de estar ante una sociedad estructurada en dos grupos sociales los que sirven casi siempre de color y los servidos casi siempre blancos.
A la larga sólo un mejoramiento de las condiciones de vida en los países que actualmente tienen que abandonar puede contribuir a la solución de este problema que hoy por hoy parece no tener solución.

Emigrantes: La punta del iceberg

El «Titanic» navegaba por el océano, en la oscuridad de la noche, lleno de luces, danza y champán. Si un vigía hubiera descubierto sobre las aguas la punta del iceberg se hubiera evitado la catástrofe. La experiencia del navegante habría calculado, bajo la grácil punta emergente, la extensa masa sumergida de la amenazante plataforma de hielo.

«En Melilla había un problema y lo hemos resuelto», comentó, satisfecho y tranquilo, un alto dirigente político la expulsión de más de cien inmigrantes centroafricanos. Una semana después hay otros tantos «ilegales» en Ceuta y Melilla. Algunos más se resisten a la repatriación en Barajas. Las pateras se multiplican en aguas del Estrecho.

¿Qué va a hacer Europa frente a un continente – y a todo el llamado Tercer Mundo – que doblará su población y miseria en los próximos 30 años? En estos años la población de españoles será la misma de hoy pero se habrá doblado la de Marruecos. Los pocos millones de inmigrantes de hoy son la punta de iceberg de las oleadas migratorias incontenibles del próximo futuro.

¿Qué respuesta tiene Europa? ¿Cuál es, en lo que nos concierne, la alta política de nuestros gobiernos? ¿Organizar una flota de trenes y aviones para disminuir el flujo de miles de «ilegales» que se nos cuelan cada vez en mayor cantidad por las fronteras? ¿Levantar en Melilla otro muro de la vergüenza como en Ceuta? ¿Minar el Estrecho e instalar en nuestras costas docenas de tanques alemanes Leopard II? ¿Detener la avalancha con refinadas leyes de extranjería?

«En Melilla había un problema y lo hemos resuelto». Necedad de cocinera que tapa el pitorro de la olla de presión para que no se escape el vapor. No se resuelve el problema parcheando los efectos sino haciendo desaparecer las causas.

La olla de presión son los cientos de millones de hermanos que sumen en la miseria y el hambre, nuestras «leyes» económicas, nuestro comercio explotador, nuestro Banco mundial y Fondo Monetario Internacional y todos los «Maastricht» del mundo. Millones de hambrientos que se multiplican por dos cada cuarto de siglo en un sobresalto instintivo de la naturaleza por compensar la hecatombe de hambre y epidemias que desata en el mundo el egoísmo de los opulentos. No son pobres porque son muchos sino que son muchos porque son pobres, o más bien empobrecidos. Necesitan arroz, <u>azadas</u> y créditos y les vendemos pistolas y bombas. Además de hacer negocio, ayudamos, por lo visto, a la selección natural de las hambrunas y el sida.

Entre tanto sólo unos cuantos ciudadanos españoles están encantados con los inmigrantes, aquellos que los emplean como esclavos con horarios agotadores, sin protección social alguna y con míseros sueldos, aprovechándose <u>desvergonzadamente</u> de su precaria situación.

Por lo demás, si éste y otros gobiernos siguen reduciendo la ayuda a su desarrollo y más bien lo hacemos retroceder con nuestro «orden económico» mundial, crecerá la presión migratoria hasta cotas inimaginables y <u>se exacerbará</u> entre nosotros el racismo y la xenofobia.

Termino con una anécdota. Hace pocos días llamé a una tertulia radiofónica, molesto por el bajo nivel de tratamiento – deformante para la opinión pública – que se daba al doloroso problema de los inmigrantes. «¡Demagogia!» me replicó rotundamente el contertulio. ¡Válgame el cielo! – pensé –, qué ingenuidad la mía! ¡ignorar que los parados de aquí y los pobres del Tercer Mundo son los primeros responsables de su propia desgracia! ¿Cómo exigen soluciones si se empeñan en echar arena entre los perfectos <u>engranajes</u> del «libre mercado» defendido por el contertulio?

Juan Luis Herrero del Pozo, ABC, 6-8-1996 *(586 palabras)*

Anotaciones

2 vigía (m.): vigilante, guardia [Wächter]
4 punta (f.): vértice, ápice [Spitze]
emergente; aquí: saliente, visible, que sobresale
15 incontenible: que no se puede detener
16 concernir: tocar, afectar [betreffen]
18 colarse: deslizarse, escurrirse [sich einschleichen]
19 muro (m.) de la vergüenza: muro de Berlín
20 minar; aquí: poner minas [verminen]
21 avalancha (f.): ola [Lawine]
23 pitorro (m.); aquí: válvula [Ventil]
escaparse: salir [entweichen]
24 parchear: remendar [flicken]
25 sumir: sumergir, hundir
29 sobresalto (m.): conmoción [Überreaktion]
30 desatar: originar [auslösen]
32 azada (f.): [Hacke]
37 desvergonzadamente: descaradamente [auf unverschämte Weise]
41 exacerbarse: agudizarse, aumentar sin control
49 engranaje (m.): [Getriebe]

Cuestionario de estudio

1. Estructure y resuma el contenido del texto.
2. Cuente con sus propias palabras lo que aconteció en Melilla y exponga qué es lo que piensa Juan Luis Herrero de lo sucedido.
3. ¿Qué nos dice el autor de la actitud de Europa frente a los pueblos subdesarrollados?
4. ¿Qué quiere hacer ver el autor con la anécdota que nos cuenta al final del texto?
5. Enumere y analice algunos de los recursos literarios que aparecen en el texto.

Cuestionario de estudio

1. El texto se compone de dos anécdotas (relatos), que abren y concluyen el texto, y un núcleo central que se puede, a su vez, subdividir en tres partes.
   En el relato introductorio se expone que si un vigía se hubiera dado cuenta del iceberg que se aproximaba a la embarcación, el Titanic no se hubiese hundido.
   En la primera parte del núcleo central, que termina en la línea 10, el autor, partiendo de un caso concreto de expulsión de emigrantes en Melilla, reflexiona sobre la política de extranjería que se practica en España y en el resto de la Unión Europea.
   En la segunda, Juan Luis Herrero del Pozo llega a la conclusión de que el egoísmo de las naciones ricas, que se manifiesta claramente en su actitud explotadora, es una de las causas de la alarmante depauperación de los países del Tercer Mundo.
   La conducta egoísta del mundo industrializado, constata el autor en la tercera parte, no frena y limita, sino que acelera y aumenta la presión migratoria y contribuye a hacer crecer en un futuro no muy lejano la xenofobia, el racismo y actitudes de explotación inhumana frente a los inmigrantes que pretenden encontrar trabajo en nuestro mundo «civilizado».
   Mediante la anécdota que relata al final de su escrito, Herrero del Pozo quiere que nos percatemos de la ceguera del llamado mundo «ilustrado«, que califica de demagogos a quienes se preocupan por la suerte de los inmigrados.

2. En la africana ciudad española de Melilla se encontraban más de cien inmigrantes ilegales, provenientes de países del Africa central. Un responsable de la Administración decidió la expulsión de los mismos, suponiendo que con ello había resuelto el problema.
   El autor no cree en modo alguno que el gerente administrativo haya solucionado el problema y su opinión se ve confirmada por los hechos. Pasada apenas una semana, el político va a estar ante la misma cuestión. El problema no se puede resolver remendando los efectos y paliando los males, sino analizando y haciendo desaparecer las verdaderas causas de los mismos.

3. Con dos palabras puede expresarse la actitud de Europa frente a los pueblos subdesarrollados, descrita por el autor:
   Explotación: A los que ya están en Europa se les esclaviza pagándoles por su trabajo lo menos posible, imponiéndoles horarios inhumanos, no dejándolos acceder a la protección social. A los que se quedan en sus países se intenta venderles lo que producimos en Europa sin tener en cuenta sus verdaderas necesidades, contribuyendo de este modo a su empobrecimiento e incluso, en el caso bastante frecuente de venta de armas, a su autodestrucción.
   Represión: Europa fortifica sus fronteras exteriores pretendiendo hacerse invulnerable e intensifica su legislación restrictiva para hacer imposible la en-

trada a inmigrantes que intentan atraversar el mar para sobrevivir en este lado del Mediterráneo.

4. Mediante esta anécdota el autor quiere hacer ver la falta de solidaridad y humanidad, el egoísmo, la codicia y la ambición de algunos europeos que pretenden culpabilizar a los pobres de su infortunio. Los desempleados en Europa son vagos y holgazanes que no tienen ganas de trabajar. Los necesitados en los países subdesarrollados son causantes y responsables de su pobreza y no tienen derecho con su arribo y presencia en nuestros países a poner dificultades al desarrollo de nuestra industria, economía y sistema social.

5. Entre los numerosos recursos literarios de los que se sirve Juan Luis Herrero del Pozo en este texto podemos destacar:
   - La lograda comparación con la que comienza su texto, partiendo del hundimiento del «Titanic».
   - Los abundantes elementos irónicos que se constatan a lo largo del escrito:
     «el dirigente político satisfecho y tranquilo» que con su decisión no ha obtenido nada.
     «la instalación de docenas de tanques Leopard II» para evitar la entrada de pobres indefensos.
     «ayudar con la venta de armas a la selección natural del hambre y el sida»
     «nuestro orden económico mundial» que origina hambre y miseria en el Tercer Mundo.
   - El símil en el que se compara el estúpido comportamiento de Europa con el de la cocinera que tapa la válvula de seguridad de la olla de presión para que no salga el vapor.

Naufraga una patera en aguas del Estrecho

Las aguas del Estrecho de Gibraltar volvieron a convertirse en la mañana de ayer en una trampa mortal para los inmigrantes que día a día intentan adentrarse ilegalmente en España, tras cruzar en frágiles pateras los más de 14 kilómetros que separan las costas de Marruecos y la costa europea.

El último siniestro ocurrido a primeras horas de la mañana de ayer se ha saldado, de momento, con un total de seis personas muertas, más de 20 desaparecidas y sólo seis supervivientes. Apenas pasaban unos minutos de las diez de la mañana, la embarcación de salvamento Salvamar Tarifa se dirigía hacia el puerto de Algeciras (Cádiz) para realizar unos ejercicios rutinarios. En ese momento la tripulación descubrió en aguas cercanas a la zona conocida como Punta Acebuche a una persona que a duras penas se mantenía a flote y que, una vez rescatada, aseguró formar parte de una expedición clandestina que había naufragado en aguas del Estrecho de Gibraltar. El resto de los supervivientes, cinco en total, fueron rescatados por un yate francés, el « Pichenibulle», que los trasladó hasta el puerto de Gibraltar. Después del rescate de los seis náufragos supervivientes, minutos después de que se comunicara la llegada a puerto de estas personas, la tripulación de la Salvamar Algeciras hallaba el primero de los cadáveres al suroeste de Punta Europa.

Julio Martínez Fírvida, presidente de la asociación de ayuda al inmigrante Algeciras Acoge, aseguró ayer «estamos ante la mayor tragedia ocurrida en aguas del Estrecho». Para Martínez Fírvida «por mucho que se repita, los gobiernos de ambos lados del Estrecho no se enteran». «Aquí hay un problema de fondo que no se va a acabar por mucha vigilancia que se ponga en el Estrecho, porque la situación en Africa es cada vez más desesperante para unas personas que a diario ven cómo sus conciudadanos mueren de hambre», añadió.

Cándido Romaguera, El País, 17-9-1997 *(322 palabras)*

La memoria de los más pobres que los pobres

Depositadas en la costa como enormes bolsas de basura contienen parte de la antigua conciencia de la Europa acogedora y democrática. Allí, en el frío y oscuro cuerpo que esconden está la esperanza de los miserables del mundo, de los que están en permanente trashumancia y huyendo del hambre, la enfermedad y la muerte. Son los marroquíes, argelinos, habitantes de la Africa tribal y en extinción. Ellos son la menos protegida de las especies humanas, la que nace y se desespera en cabañas de paja y adobe viendo cómo los cuerpos de sus hijos se convierten en pálidos rayos de la luna. La que padece el más alto riesgo de SIDA del planeta, el más alto índice de mortalidad en todas las edades, la que menos índice de consumo puede presentar en esas cuidadas estadísticas de la ONU.

La patera es su medio y su mensaje. En la inestable superficie de madera consumen sus últimos minutos de esperanzas y de sueños: un colchón, amontonado con otros colchones (...) pero con comida y ropa, y hasta unos duros en el bolsillo. Luego, un golpe de mar, unos metros de nado imposible y el agua que inunda sus pulmones hasta apagar aquella vela que encendieron a su dios en la otra costa.

España es su Berlín imposible, Algeciras el salado muro de hormigón y alambre espinoso que ha levantado una Europa en crisis. Los que sobrevivan serán encarcelados y devueltos para que inicien de nuevo el camino, o explotados en las peores condiciones y trabajos. Alguno, tan sólo alguno, se sumará al escuadrón de la muerte y de la droga, paseará por los barrios chinos de nuestras ciudades armado de la dosis mortal de heroína y alimentará la xenofobia de las buenas y respetables conciencias. La patera escribe cada día una venganza en la memoria de los más pobres que los pobres.

Millones de pateras nos esperan a todos en los próximos años si en el nuevo Orden Mundial la palabra solidaridad sigue proscrita y cada una de sus once letras se encierra en las grandes bolsas negras de las playas.

Raúl Heras, El Mundo, 20-9-1992 *(359 palabras)*

«Ilegales» en lata

Sabida es la falta de escrúpulos de las mafias que se dedican a introducir inmigrantes ilegales en la Unión Europea desde el norte de Africa. Sin embargo, la detención por parte de la Guardia Civil de 35 magrebíes cuando viajaban semiaplastados en una furgoneta con nueve plazas de capacidad ha puesto de manifiesto que el listón de las atrocidades nunca está lo suficientemente alto para estas redes.

La operación se llevó a cabo en la madrugada de ayer, cuando agentes de la Guardia Civil recelaron de varios vehículos que circulaban por la N-340 entre Algeciras y Tarifa. Tras un discreto seguimiento, se procedió a dar el alto a una furgoneta con matrícula de Madrid que se dirigía al puerto algecireño. El conductor del vehículo era C.C., un marroquí de 25 años natural de Casablanca que portaba una tarjeta de residencia italiana.

La sorpresa se la llevaron los agentes al abrir el portón trasero de la furgoneta. En una escena digna del camarote de los Hermanos Marx, 35 magrebíes se hacinaban apretujados en un espacio de 12 metros cúbicos. El vehículo, una Citroën Jumper, únicamente admite nueve plazas de pasajero. En teoría, claro está.

Los sufridos viajeros procedían todos de Marruecos, salvo dos argelinos, y sus edades oscilaban entre los 22 y los 30 años. Su incómodo periplo quedó truncado inmediatamanete, ya que fueron trasladados esa misma madrugada a la comisaría de Algeciras para iniciar los trámites de repatriación a sus países. El chófer, por el contrario, pasó a disposición judicial acusado de un delito contra la salud y los derechos de los trabajadores.

Fuentes de la subdelegación del Gobierno en Cádiz informaron que el vehículo interceptado representaba un peligro claro para la seguridad vial. El evidente sobrepeso de la furgoneta amenazaba con provocar un accidente. Las mismas fuentes precisaron que los magrebíes se apelotonaban unos encima de otros en el interior de la Jumper, ante la imposibilidad física de pisar todos el suelo del vehículo.

Su corta aventura europea no fue la única que acabó ayer. Dos argelinos indocumentados fueron detenidos también ayer en la misma carretera, y otros ocho marroquíes fueron interceptados a bordo de una patera a dos millas de la costa de Algeciras.

J. Muñoz, El País, 5-7-97 *(366 palabras)*

Asesinar a tres o cuatro gitanos

Las instrucciones recibidas por el «comando» desde el sur de Francia confirman que la banda ha decidido incrementar las «acciones justicieras» contra supuestos traficantes de drogas, en íntima relación con la campaña de «denuncias» que llevan a cabo Herri Batasuna y sus organizaciones afines.

Al nuevo «comando Donosti» se le había encargado una serie de asesinatos de gitanos de Lezo, con la excusa de que, según se dice en algunos medios del pueblo, se dedican al tráfico de estupefacientes. La orden, brutal en sí, riza el rizo del racismo que domina a la banda. (...)

Ni nombres ni señas precisas. No importa. En este caso, para la banda basta con que asesinen indiscriminadamente a «tres o cuatro» personas, siempre que sean gitanos.

Esta era una de las acciones terroristas previstas para las próximas semanas por el comando desarticulado. Un grupo que, a pesar de estar mandado por uno de los asesinos con más experiencia de ETA, no había conseguido llevar a cabo con éxito ningún atentado.

Esto no quiere decir que la banda se haya mantenido al margen de la «campaña de drogas» de HB. Unos días antes de la presentación de la misma, pusieron varias bombas en establecimientos comerciales y bares del barrio bilbaíno de Ocharcoaga; unos días después, en los pueblos de Eibar y Elgoibar fueron asesinados bajo la ignominiosa acusación de tráfico de drogas dos conocidos industriales: Sebastián Aizpiri y Patxi Zabaleta.

En ambos casos se demostró, como también se hizo en la expulsión de los vecinos de Lezo, que las acusaciones encubrían otro tipo de realidad. Por ejemplo, que Sebastián Aizpiri había renegado públicamente de Herri Batasuna tras la matanza de Hipercor, en Barcelona, o que una de las vecinas de Lezo fue testigo del traslado de un depósito de armas en la propia escalera de su domicilio.

En el caso de los gitanos de Lezo, fuentes próximas a los partidos vascos no ocultan que «los abertzales siempre han demostrado un inequívoco sentimiento de racismo; en algunos pueblos se ha excitado al vecindario para que quemaran las colonias y expulsaran a sus habitantes».

J.M.Zamora, ABC, 13-7-88 *(398 palabras)*

Racismo

Me pregunto desde hace tiempo si somos racistas y xenófobos, en el sentido de experimentar una cierta repulsión hacia gentes de raza o nacionalidad distinta a la nuestra. Me pregunto desde hace tiempo si los españoles rechazamos a negros y amarillos porque odiamos al negro y al amarillo o si el rechazo lo produce la violencia que a veces protagonizan negros y amarillos. Me pregunto desde hace tiempo si el problema es que sentimos rechazo hacia el extranjero que ocupa un puesto de trabajo que podría ser ocupado por un español. Y después de mucho tiempo de preguntarme a mí misma, llego a la conclusión de que lo que no soportamos es la pobreza. Y me da vergüenza.

No nos importa que un marroquí o una dominicana consigan un determinado sueldo – siempre bajo – porque sabemos perfectamente que un español o una española se lo pensaría mucho antes de acceder a realizar el trabajo de la dominicana o el marroquí. Para los extranjeros destinan las tareas que muchos españoles en paro consideran degradantes, como ocurría en la Europa de hace unas decenas de años, cuando eran nuestros emigrantes los que se hacían cargo de lo que alemanes, franceses o suizos no querían encargarse. No hay por tanto que culpar a moros o negros – por utilizar términos racistas – de llevarse dineros que no se pueden llevar españoles. Legales e ilegales, en su mayor parte los extranjeros procedentes de países subdesarrollados, trabajan ahí donde los españoles no quieren trabajar ni atados. Y sólo los malnacidos pueden emplear ese argumento cuando quieren expresar su postura contraria a la masiva presencia de africanos o iberoamericanos en nuestro país. Empresarios de todos los colores, de todas las procedencias y de todas las ideologías cuentan cómo para determinados trabajos duros y mediocremente pagados sólo encuentran mano de obra extranjera. No es, por tanto, un problema laboral, sino de estética. No queremos la estética de los pobres.

Nunca en mis numerosas llegadas a Barajas he visto parar en la cola de pasaportes a un negro o a una negra de porte elegante y perfectamente trajeados, mientras que he visto maltratar y humillar a quien se ha vestido decorosamente para la ocasión pero el decoro delata su origen humilde y su necesidad de emigrar a España en busca de mejor vida. Arabes de ostentosa riqueza pasean por la costa sureña sin que nadie les tosa, mientras a sólo unos kilómetros de distancia la guardia civil está atenta al rastro de una patera y las gentes de la zona se ponen furiosas porque la llegada del calor significa desde hace años la llegada inevitable del marroquí o el senegalés de la más baja extracción.

En elitistas colegios en los que no hay plaza por menos de diez mil duros, conviven negros con blancos y pardos sin que asome el racismo, porque los niños negros y pardos tienen papás con suficiente poder adquisitivo como para pagar las altas matrículas, y ese poder adquisitivo significa, casi siempre también, que el alumno se mueve en un ambiente familiar culto, y para los blancos puede significar un toque de distinción relacionarse con alguien de color que pertenece a una clase social aceptable e incluso alta. Por no hablar del mundo del espectáculo, donde los negros han creado un estilo propio, y se admira a quienes incorporan un sonido distinto o una escenografía deslumbrante. En España, ese mundo a veces cruel del espectáculo acoge con los brazos abiertos al gitano que baila o canta como Dios, mientras el mismo que lo contrata monta la marimorena porque un poblado de gitanos ha sentado sus reales a pocos metros de su lujosa vivienda.

No somos racistas; somos insolidarios, que es muy distinto. Abrimos cuentas corrientes para los niños de Somalia o los musulmanes de la antigua Yugoslavia pero salimos corriendo cuando un negro o un musulmán, y con la miseria en los ojos, trata de abrirse camino entre nosotros. Somos buenos con los que mueren fuera de nuestras fronteras, pero no querernos verlos cuando los tenemos dentro porque tratan de escapar de la muerte. Al negro tipo Sidney Poitier le invitarnos a nuestra mesa, mientras que en más de una casa de vecinos se han puesto toda clase de impedimentos para que en un piso se diera acogida por razones humanitarias a unos negros que no tenían ni un chamizo en el que descansar unas horas. (...)

Pilar Cernuda, Blanco y Negro, 5-6-1994 *(729 palabras)*

III

España y sus jóvenes

Una radical barbarie

Lo vemos y oímos casi todos los días. Los cabezas rapadas agreden a la salida de un bar, pegan, amenazan, destrozan. Han matado ya varias veces. Renace el fascismo. El grito preferido de estos salvajes es ¡Heil Hitler! Manipulados, quizás, por una auténtica extrema derecha, agazapada y oscura, – estos skin heads obtusos, bestiales y cerveceros son nazifascistas sin saber ni siquiera lo que es el fascismo. El nazi de siempre (el caballero nazi, es un decir) los utilizaría como fuerza de choque, luego seleccionaría para policías a los más tremendos, y liquidaría al resto de la bazofia en otra noche silenciosa de cuchillos largos ... ¡Pobres cabezas rapadas! Ni nazis son.

Existe gente – es un fondo natural al ser humano – profundamente bestial. Gente a quien la civilización no ha moderado el instinto salvaje, hijos natos de la violencia, a quien la mal entendida rebelión juvenil, la desesperanza del paro y las ciudades dormitorio, la vida aburrida, sin horizontes, sin atractivo, sin luces, todo junto, les vuelve a sus instintos animales y bestiales.

Pero ¿cómo aceptar que soy un animal, un depredador, sólo deseoso de violencia y sangre? ¿Quién aceptaría en sí – aunque fuese nebulosamente – esa teratología, esa psicopatía esencial? Pero al salvaje de vísceras húmedas le dan en algunos ambientes una coartada perfecta: Soy nazi – se dice – creo en la superioridad de una raza, detesto al extranjero, al diferente, al que me contradice. Pertenezco al bando de las SS y del siniestro Rosenberg ...

¡Pobres y bestiales cabezas rapadas! No son ni nazis, no creen en la superioridad de nadie, no piensan, no han leído, no han malinterpretado a Nietzsche ni a Wagner, son simplemente humanos en estado puro, salvajes, carnívoros, bestias que miran con ansia atrás, hacia el deseado retroceso en la evolución. Seres elementales y romos a quienes la vida en un mundo imperfecto, el culto televisivo a la violencia, la insolidaridad, la incultura, la caída de los ideales fraternos los ha vuelto simios rapados, chimpancés con hachas ... En silencio, los canallas aplauden.

Luis Antonio de Villena, El Mundo, 9-6-1995 *(346 palabras)*

Anotaciones

4 agazapado/a: escondido, oculto
7 fuerza (f.) de choque: [Stoßkraft]
tremendo/a; aquí: brutal, agresivo
8 bazofia (f.): [Schlangenfraß]
11 nato/a: nacido, auténtico
15 depredador (m.): devastador [Plünderer]
17 teratología (f.): locura
de vísceras húmedas: sin sentimientos, desalmado [herzlos]
18 coartada (f.): suterfugio; aquí: oportunidad [Chance]
20 Rosenberg: político e ideólogo alemán, en 1930 publicó *El mito del siglo XX* que le convirtió en el principal teórico del racismo nazi
24 ansia (f.): ansiedad [Begierde]
25 romo/a: obtuso [stumpf]
27 simio (m.): primate [Affe]
hacha (f.): [Axt]

Cuestionario de estudio

1. Resuma y estructure el contenido del texto.
2. El autor afirma que los *cabezas rapadas* no merecen el nombre de *Nazi.* ¿Cómo fundamenta su opinión?
3. ¿Cuáles son los factores que, según el autor, contribuyen en parte a hacer nacer la agresividad brutal de los *cabezas rapadas*?
4. ¿Se puede, en su opinión, hacer culpables a los *cabezas rapadas* de su comportamiento violento?
   Fundamente su respuesta.
5. Analice brevemente el lenguaje empleado por el autor.

Cuestionario de estudio

1. El texto que analizamos y que está dedicado al tema de la delincuencia juvenil se compone de tres partes.
   En la primera parte, que se extiende hasta la línea 9, el autor nos describe la forma de pensar y actuar de los llamados «cabezas rapadas».
   La segunda parte contiene los parágrafos dos y tres.
   En el párrafo dos el autor constata la existencia de personas que son por naturaleza violentas y que, en muchas ocasiones, las circunstancias en las que les toca vivir no contribuyen en absoluto a moderar su brutalidad.
   En el tercer párrafo, que concluye la segunda parte, el autor declara que la influencia y aceptación de ideologías radicales impide a muchos humanos reflexionar sobre la absurdidad objetiva de los comportamientos violentos.
   En la tercera parte el autor afirma que los comportamientos radicales, violentos y racistas son en gran parte condicionados por la falta de cultura.

2. Los «cabezas rapadas» no merecen, según el autor, ni el nombre de nazis porque son personas que se dejan manipular sin reflexionar sobre sus actos.
   Los nazis sólo aceptarían en sus filas a los más «fuertes» como carne de cañón.
   * Con la opinión del autor en este punto, a pesar de su ironía, no se puede estar de acuerdo. La ideología nazi quería hacer desaparecer la persona individual (precisamente la persona pensante) como sujeto de derechos y deberes y remplazarla por una especie de personalidad colectiva, encarnada en el «Führer». El caballero nazi al que hace referencia Luis Antonio de Villena no existió nunca.

3. Los factores que, en opinión del autor, motivan la agresividad brutal de los skin heads son entre otros:
   - ➠ Cierta predisposición natural del hombre para la agresividad
   - ➠ La no superación de la tendencia rebelde en la época de la pubertad
   - ➠ La amarga decepción que puede originar la situación de desempleo
   - ➠ La vida anónima en algunas zonas habitadas de nuestras grandes ciudades
   - ➠ La falta de ideales en nuestro mundo materialista

4. La pregunta no es fácil de responder.
   La predisposición genética, la falta de aceptación y afecto en la infancia, el entorno en que una determinada persona tiene o ha tenido que vivir, la frustración y carencia de perspectivas permiten a posteriori explicar los comportamientos violentos de determinadas personas. Los actos son siempre condenables, la culpabilidad de algunos «cabezas rapadas» concretos es muy difícil de determinar.

Yo opino que una persona es siempre responsable de sus actos y que la falta de reflexión no puede disculpar totalmente los delitos cometidos.

5. Uno de los principales medios lingüísticos de los que se sirve el autor en este texto son las reiteraciones tanto de verbos («pegan, amenazan, destrozan», «no creen, no piensan, no han leído, no han malinterpretado») de adjetivos («obtusos, bestiales, cerveceros»), como de substantivos («sin horizontes, sin atractivo, sin luces»). Con estas reiteraciones el autor quiere hacer patente la irracionalidad de la manera de pensar y de obrar de los violentos radicales.
   Otro elemento es el empleo de términos que hacen plástico el terror y la violencia: («salvaje, bestial – tres veces – , liquidar, cuchillos largos, depredador, hachas»)
   Observese también la ironía en la atrevida expresión («el caballero nazi»). El autor no quiere en modo alguno glorificar la ideología nazi («es un decir»), pero se atreve a afirmar (afirmación para mí excesivamente osada, como he hecho notar en la respuesta a la pregunta 2) que comparados con los nazis los «cabezas rapadas» son de menor calidad humana.

El frustrado

Enrique de Blas se levanta cada mañana con la certeza de tener que afrontar otro día más la frustración. Enrique quería ser artista o músico, tener una vida diferente de la que actualmente tiene.

Pero Enrique, con sus veintiocho años, como tantos otros jóvenes españoles de la generación de los ochenta, continúa siendo el niño de la casa, tiene todavía el mismo cuarto en el que hacía los deberes todas las tardes y en el que soñó con el amor de una mujer.

Para Enrique de Blas la independencia significa ser capaz de tomar sus propias decisiones, poder olvidarse del odio que su madre tiene a la chica con la que sale, dejar atrás las pequeñas obligaciones que le impone la permanencia en el hogar de sus padres. La independencia se ha convertido para él en una obsesión. «Sigo viviendo en mi casa porque no tengo dinero para marcharme. Mis padres no aciertan a comprender que yo pienso por mi cuenta, que quiero ser independiente. Los comprendo pero no puedo compartir sus ideas«. A pesar de todo, Enrique está en cierto modo contento con su vida. No le perturban conflictos generacionales. Ha logrado una comunicación standard con sus padres en la que todos son espectadores. No es radical. Sólo desea integrarse en el sistema «para no ser demasiado infeliz». Cree en el matrimonio, aunque no le importaría vivir por libre con alguna chica, «pero, claro, están las presiones familiares y sociales». Nada de revoluciones, en todo caso acomodarse lo mejor posible a su frustración.

A veces, se siente inseguro. Cuando termine sus estudios de marketing, en Madrid, intentará dejar de ser el «viejo inquilino» de papá y mamá. «Me siento manipulado desde que me levanto hasta que me acuesto. No he realizado todo aquello que me hubiera gustado y cada vez es más difícil hacerlo. Soy una persona frustrada que tiene que simular ser feliz en su casa paterna».

Carmen Rico Godoy, Cambio 16, 17-6-85 *(329 palabras)*

Anotaciones

1 certeza (f.): seguridad
afrontar: luchar contra
2 artista (mf..): [Schauspieler]
6 soñar: [träumen]
9 olvidarse de: no pensar en
odio (m.): [Haß]
10 dejar atrás: liberarse de, abandonar
12 no acertar a comprender: no poder comprender
pensar por su cuenta: [selbst denken, eigene Gedanken haben]
15 perturbar: intranquilizar, inquietar profundamente
17 espectador (m.): [Zuschauer]
18 vivir por libre: vivir (con una chica) sin estar casado
20 acomodarse: adaptarse [sich anpassen]
22 viejo inquilino: [ewiger Mieter]

Cuestionario de estudio

1. ¿Se puede decir que Enrique está contento con su vida?
2. Exponga lo que nos dice el texto de la relación de Enrique con sus padres y explique por qué en muchas familias apenas hay una verdadera comunicación entre padres e hijos.
3. ¿Por qué no abandona Enrique la casa de sus padres?
4. Comente la última frase del texto: «Soy una persona frustrada que tiene que simular ser feliz en la casa paterna».
5. Muchos jóvenes fracasan en sus estudios.
Explique algunas de las causas que pueden llevar a este fracaso y las posibles consecuencias del mismo.

Cuestionario de estudio

1. Enrique no está satisfecho con su vida.
   - A él, le hubiera gustado tener otra profesión que la que está actualmente aprendiendo.
   - Tiene veintiocho años y le gustaría ser libre, tomar por sí mismo sus decisiones y no verse obligado a sujetarse a las convenciones a las que hay que someterse cuando se vive en el hogar de los padres.

   Enrique se contradice un poco al afirmar en la línea 15 que, en cierto modo, está contento con su vida. Quizá quiera simplemente comunicar a los lectores que los conflictos que él tiene con sus padres no son verdaderamente graves.

2. De la relación de Enrique con sus padres leemos en el texto:
   - Sus padres lo consideran todavía un niño. Por ello la independencia se ha convertido para Enrique en una obsesión.
   - La madre parece ser que no está de acuerdo con la novia que tiene su hijo.
   - No existe una verdadera comunicación entre y él sus padres. Enrique nos habla de una *comunicación standart,* una comunicación reducida a fórmulas sin verdadero contenido que se repiten a lo largo de cada día.

   En muchas familias no hay una verdadera comunicación entre padres e hijos por varias razones:
   - Hay padres que llegan muy casados del trabajo y no tienen ni el tiempo ni la disposición necesaria para ocuparse de sus hijos.
   - La sociedad de consumo ofrece hoy posibilidades de pasar el tiempo libre de una manera pasiva, por ejemplo: viendo la televisión o entreteniéndose con el ordenador. Hay familias en las que incluso durante las comidas sigue conectado, a alto volumen, el televisor.
   - El hecho de que la situación laboral de nuestros días obligue a no pocos jóvenes a permanecer en el hogar hasta una edad bastante avanzada lleva consigo, en no pocos casos, que la casa paterna sea considerada como un hotel gratuito. A casa se va para dormir y si se anda escaso de dinero, para comer.

3. Enrique no abandona la casa paterna porque todavía no ha terminado los estudios y depende económicamente de sus padres. El dice que no deja la casa de sus padres porque no tiene dinero.

4. Enrique es una persona que no está contenta con su vida. Para no incomodar y disgustar a sus padres tiene que poner siempre buena cara, hacer como si estuviera muy satisfecho de continuar viviendo con sus progenitores. Según dice al final del tercer párrafo del texto, esto no constituye para él un proble-

ma muy grave ya que intenta arreglárselas como mejor puede con el problema de la frustración.

5. Entre las causas que pueden llevar al fracaso en los estudios podemos citar:
   - Las exageradas expectativas de los padres con referencia a las notas escolares. El no obtener las notas esperadas puede originar conflictos graves con los padres y hacer surgir complejos de inferioridad que empeoran el rendimiento.
   - El mal conocimiento de sí mismos, la falsa tasación de las propias posibilidades a la hora de elegir la profesión o carrera que se quiere aprender.
   - La falta de aplicación y asiduidad en el trabajo, originadas muchas veces por el entorno en que se encuentran y por la actitud consumista del mundo que les toca vivir.
   - La carencia de motivación concreta al constatar que las perspectivas de poder ejercer la profesión que se aprende son mínimas o casi inexistentes.

El Guille

Guillermo Segura Marín, El Guille, de 30 años, se hizo famoso a fines de los setenta como lugarteniente de la banda de «El Jaro», un grupo de delincuentes juveniles que fue el azote de los madrileños con sus «tirones», atracos y robos de coches. El Guille está hoy encarcelado en Alcalá-Meco (Madrid), condenado por multitud de hechos y pendiente aún de ser juzgado por muchos más.

Pregunta. ¿Por qué y cómo llegó usted a la delincuencia?

Respuesta. Porque no tuve una infancia como cualquier niño normal ni una educación correcta. Tuve gran falta de cariño. Y cuando he hecho algo mal, no me han dicho: «No, esto no es así». Me hubiera gustado tener una infancia normal. He entrado de muy niño en reformatorios y ahí empieza ya la marginación. Con 11 o 12 años, nos escapábamos dos o tres. Había que comer, cogíamos un coche y hacíamos de todo: entrar en una panadería a coger bollos o el dinero de la caja, hasta romper lunas de escaparates por la noche ... Nos buscábamos la vida como podíamos, y luego íbamos al campo a dormir.

P. ¿Es posible la reinserción con el sistema carcelario actual?

R. No. Habría que cambiar bastantes cosas, entre ellas varios artículos del Código Penal. Debería haber más talleres en las cárceles y dar a los internos formación profesional y trabajo al quedar en libertad.

P. ¿Hay interrelación entre droga y delincuencia?

R. La delincuencia lleva a la marginación. Una persona marginada es como la escoria de la sociedad. La marginación lleva a la droga como refugio y esto lleva a delinquir, si no tienes personas que te ayuden. Todo ser humano tiene derecho a otra oportunidad.

P. ¿Qué le parece penalizar el consumo público de drogas?

R. No es una solución al problema. Cada persona es libre de hacer lo que quiera con su cuerpo. Un drogadicto es un enfermo. Deberían penalizar más a los grandes traficantes. De la cárcel se sale peor de lo que se entra, porque la cárcel es una escuela de delincuentes. Si se les penaliza, mejor sería llevarlos a centros de desintoxicación.

Entrevista, El País, 13-5-1993 *(355 palabras)*

Anotaciones

2 lugarteniente (m.): segundo cabecilla, segundo jefe
3 azote (m.): desgracia, calamidad [Geißel]
tirón (m.): [Handtaschenraub]
atraco (m.): [Überfall]
5 pendiente: [anhängig]
10 reformatorio (m.): correccional [Besserungsanstalt]
11 escaparse: huir de la casa donde se vive
12 bollo (m.): [Milchbrötchen]
13 luna (f.) de escaparate: [Schaufensterglas]
15 reinserción (f.): integración en la sociedad
21 escoria (f.): [Schund]
refugio (m.): cobijo [Zuflucht]
23 oportunidad (f.): [Chance]
24 penalizar: poner una pena a [bestrafen]

Cuestionario de estudio

1. ¿Qué hace hoy Guillermo Segura?
2. ¿Qué nos cuenta de su infancia?
3. ¿Cómo piensa el entrevistado que se podría mejorar la situación de la cárceles españolas?
4. Exponga algunas de las causas que pueden llevar a jóvenes de nuestros días al consumo de drogas.
5. El Guille es partidario de la liberalización del consumo de las drogas.
¿Comparte usted su opinión?
Justifique su respuesta.

Cuestionario de estudio

1. Guillermo Segura Marín está encarcelado en Alcalá-Meco, una prisión de Madrid. Fue condenado a prisión por los delitos que cometió en su época juvenil y todavía debe ser juzgado por otras transgresiones de la ley que cometió posteriormente.

2. Guillermo tuvo una infancia muy dura. En su casa no recibió el amor que necesita un niño y no se le educó convenientemente. No se le corregía cuando hacía algo malo y de está forma no recibió, no asimiló los principios y normas morales que son necesarios para poder vivir en nuestra sociedad. Tuvo que dejar la casa de sus padres de muy pequeño para ser internado en un reformatorio. En el reformatorio su conducta no se modificó y en sus salidas cometía con otros niños del reformatorio pequeños delitos.

3. El entrevistado piensa que la actual legislación penitenciaria no hace posible la reinserción de los presos en la sociedad. Además lamenta que en las cárceles la actividad laboral no es suficiente. El piensa que durante el tiempo del arresto los encarcelados podrían aprender una profesión y posteriormente se les debería facilitar la obtención de puestos de trabajo.

4. Las causas que pueden llevar a los jóvenes de nuestros días al consumo de drogas son:
   - La curiosidad y el atractivo que despierta todo lo prohibido por el simple hecho de estar prohibido en los primeros años de la adolescencia.
   - El fracaso escolar o profesional
   - Los conflictos en la familia
   - El entorno en que los jóvenes viven. En algunos grupos de jóvenes se exige a los miembros tomar drogas.
   - Desengaños sentimentales
   - La falta de ideales y perspectivas para el futuro

5. Respuesta positiva

   Con la prohibición y el castigo, con medidas represivas no se consigue resolver casi ninguno de los problemas relacionados con la droga: por ello hay que buscar otros medios para reducir o incluso hacer desaparecer el consumo de drogas
   La despenalización del consumo de las drogas tendría aspectos positivos:
   - Se descriminalizaría a los drogadictos y de esta forma se integrarían en una sociedad que ahora los margina totalmente.
   - Se evitaría el gigantesco negocio de corrupción y muerte que se asocia con la producción, tráfico y venta de la droga.

- Se podrían prevenir, controlar y tratar las complicaciones sanitarias (sida y hepatitis) que han aparecido en los últimos decenios sobre todo entre los consumidores de estupefacientes.

Respuesta negativa

La descriminalizaciónción de las drogas podría ser funesta para humanidad:

- La liberación equivaldría a un fomento del consumo.
- La sociedad no puede tolerar la clara y rápida autodestrucción que lleva consigo el consumo de las llamadas drogas duras.
- La liberalización bajaría sin duda los precios de los estupefacientes, pero haría aumentar enormemente el número de adictos y contribuiría a la aparición de cantidades ingentes de «enfermos» cuyo tratamiento y reinserción en la vida normal sería casi imposible de financiar.
- Los Gobiernos tienen el derecho y la obligación, mediante la promulgación de leyes a las que deben atenerse todos los ciudadanos, de velar por la sociedad y prevenirla contra peligros que puedan amenazarla gravemente.
- La afirmación de Guillermo Segura de que cada uno puede hacer lo que quiera con su cuerpo no es aceptable. La automutilación lleva consigo una carga para la sociedad que difícilmente se puede justificar.

Suicidios adolescentes

Reconozcamos que la forma es terrible: Las muchachitas de Alfafar (Valencia) se pusieron en la vía del tren, para ser muertas. Las de Madrid, hace meses, se arrojaron del Viaducto. Más allá del acto, del deseo de terminar, sorprende el no contar con el horror de los *disiecta membra*, los miembros esparcidos, sangrientos, como en la batalla ...

Los adultos – y más los padres – solemos creer que los adolescentes son algo bobos, y que bajo el paraguas de una legal – aunque no real – minoridad, bajo el sambenito de rótulos como edad del pavo o edad prohibida, los adolescentes (ellos y ellas) sueñan en Las flechas del Amor. Pero no es verdad o lo es pocas veces. La adolescencia – y más hoy, con televisión, películas, libros, tanta información a su alcance – es una edad de pasión y apetitos, pero sobre todo una edad de radicalidades.

Se harten de cerveza o de éxtasis un sábado loco, crean en el ecologismo de *Sting*, en los sueños de las *road movies* o en la protesta radical de *Prince* o de *Héroes del Silencio*, leyendo *El mundo de Sophie*, los adolescentes buscan intensidad, verdad y belleza. Su mente es más libre que nunca, su cuerpo más henchido de impulsos y su apuesta desaforada pide que la vida entera sea como la perfección de un sueño.

Los adolescentes suelen ser radicales porque anhelan una vida cumplida, en la que su amor se verá compartido y saciado, brillará la justicia y la felicidad será parecida a una noche de marcha buena. En algún momento – muy pronto – saben que la vida no es así – eso debe ser la crisis de la adolescencia – y entonces se vuelven insumisos, okupas, radicales de cualquier género, estudiantes mansos, sumisos como sus mayores, tristes (los adolescentes lloran mucho) o simplemente prematuros desengañados. Su vacío es mayor porque su pasión es más alta. Ahí puede saltar el grito del suicidio. El de una verdad truncada. El de la apasionante pasión fallida. El de un mundo sartriano, sin objeto.

No son lelos los adolescentes, sino demasiado auténticos, demasiado atrevidos.

Luis Antonio de Villena, El Mundo, 19-4-1996 *(343 palabras)*

Anotaciones

1 Alfafar: pueblo de la provincia de Valencia
3 Viaducto (m.): pasarela [Überführung]
4 miembros (m.p.): partes del cuerpo, órganos
7 bobo/a: necio, atontado, lelo [dumm, benommen]
paraguas (m.); aquí: protección [Regenschirm]
8 sambenito (m.): prejuicio [Vorurteil]
edad (f.) del pavo: [Alter der Albernheit]
9 Las flechas del Amor: verdadero amor [Liebesglück]
10 apetito (m.): apetencia [Begierde]
17 impulso (m.): pasión [Trieb]
apuesta (f.): desafío
desaforado/a: desmedido, desmesurado
19 anhelar: desear, aspirar ardientemente
21 noche de marcha buena: [schöner Abend]

Cuestionario de estudio

1. ¿Qué nos cuenta el autor al principio de texto?
2. El autor define a la adolescencia como una edad de radicalidades. Explique con sus propias palabras la definición.
3. Especifique a qué se debe la crisis de la adolescencia y los posibles efectos de la misma en los jóvenes
4. ¿Qué es lo que, según el autor, puede llevar a los adolescentes al suicidio?
5. En los cursos de español hemos hablado de posibles factores que en nuestro mundo moderno pueden llevar a los jóvenes a evadirse de la realidad.
   a) Enumere algunas formas concretas de esta evasión.
   b) Exponga alguna de las causas que pueden llevar a la mencionada evasión.

Cuestionario de estudio

1. El autor nos habla al comienzo del texto de dos casos de suicidio. En un pueblo de Valencia, (dos) chicas se colocaron en los raîles de una línea ferroviaría para ser muertas por el tren. En Madrid, también (dos) muchachas decidieron poner fin a sus vidas arrojándose desde un pasarela al fondo de una carretera muy transitada.

2. La adolescencia es la edad del idealismo. El adolescente busca la verdad y cree incondicionalmente en la bondad, en la justicia, en el amor y en la felicidad y quiere que en su vida se hagan todos estos valores realidad plena. Para el adolescente no existen ni limitaciones, ni medianías, ni mediocridades. El anhela una posesión radical y plena de lo que busca.

3. La crisis de la adolescencia comienza cuando el joven verifica con su propia experiencia que la vida no es como él se había imaginado. El contacto con la realidad le hace perder su idealismo. La falsedad, la injusticia, el desamor y la desdicha son realidades de la vida. Este contacto con la vida real produce en los jóvenes un desengaño. Este desengaño puede llevarles a una actitud de rebelión contra la realidad con la intención de modificarla. Es el caso de la oposición que puede ir desde la simple insubordinación e insumisión hasta la revolución armada con la que se intenta modificar radicalmente el mundo en que se vive. El desengaño puede también llevar a la frustración y resignación. El joven trata de acomodarse a la realidad. Su actitud en este caso no es de protesta sino de docilidad y sumisión.

4. El desengaño puede adquirir tales dimensiones que el adolescente se siente impotente para afrontar la realidad y solucionar sus conflictos interiores. Esta sensación de absoluta impotencia le puede llevar al deseo de dejar de existir. Cuanto más elevado es el grado de idealismo tanto más profunda es la decepción cuando se toma contacto con la cruda realidad. El joven puede llegar a la conclusión de la absurdidad, de la falta absoluta de sentido de la vida y esto le puede llevar al suicidio.

5. El suicidio no es la única forma ni tampoco la más frecuente de evadirse de la realidad. Aunque no son las únicas hoy se constatan tres formas de evasión:
   - Las drogas, que permiten al que las consume transladarse temporalmente a un mundo artificial.
   - Las «pseudoreligiones» en las que el joven se siente acogido y seguro de obtener la «salvación».
   - Las «bandas juveniles» en las que encuentra cobijo, seguridad e «ideales» concretos por los que luchar.

Causas de las evasiones:

- Falta de afecto y ternura en la familia
- Fracaso en la vida escolar
- Desempleo
- Desengaños amistosos o amorosos
- Debilidad psíquica

JASP

Se mueven por el Internet como pez en el agua, hablan y escriben el inglés igual que el español, leen con ansia las páginas económicas de los periódicos y desprecian a los que únicamente leen los titulares deportivos, conocen las subidas y bajadas de las bolsas internacionales y mencionan los índices con la misma naturalidad con que sus padres mencionaban la subida de la cajetilla de tabaco. La publicidad les ha convertido en Jasp, Jóvenes Aunque Suficientemente Preparados. Y, efectivamente, están preparados para moverse por los países más lejanos sin problema de lengua, para ser empresarios o abogados de prestigio, para asistir a un simpósium internacional, para pedir lo correcto en un buen restaurante, para elegir la corbata que se lleva, pero... ¿preparados para algo más?, ¿preparados para enfrentarse a la vida?

González repite en estos días electorales que esta generación de jóvenes españoles es la mejor preparada de la historia de España. Y es verdad, pero habría que ver para qué les sirve esa superpreparación. Desde luego, no para enfrentarse al problema del paro, por ejemplo. No les cabe en la cabeza que con tanto master y tanto idioma no puedan acceder al mercado laboral y en muchos casos esos Jasp se vienen abajo cuando las cosas no les van bien. Los hay que toman las riendas y se inventan lo que no está escrito para poner en marcha un negocio que les permita ser autosuficientes; pero muchos de ellos huyen del paro matriculándose a un master y a otro, aquí y allá, en España y fuera de España, a la espera de que mejoren las cosas. Y, cuando finalizados los masters, el empleador no llama a la puerta de su casa, pocos se sienten con fuerza para luchar por su cuenta y muchos de ellos pasan a engrosar sistemáticamente las listas del Inem.

Se mueven por el Internet como pez en el agua, pero se ahogan ante un vaso de agua, ante el primer «no» que reciben. Saben idiomas, conocen países, saben qué pedir en un restaurante, pero les falta algo que, sin embargo, era primordial para sus padres: saber enfrentarse a la vida y disfrutar de ella cuando se puede disfrutar. Sus padres quizá no sabían inglés, ni tenían un título de Cambridge o Standford, pero daban mucha importancia, muchísima importancia, a otro tipo de formación.

Los libros, por ejemplo. Pocos Jasp se ocupan de crear su propia biblioteca, pasan olímpicamente de clásicos y de «best sellers», les importa un comino lo que se escribe y lo que se ha escrito, lo suyo es otra cosa, la cibernética, Bill Gates y el CD ROM. De teatro, nada y de cine, según y cómo.

Pero con las excepciones que siempre se dan en todas las circunstancias y en todos los sectores, esos jóvenes tan bien preparados para la vida moderna, están sin embargo escasamente preparados para asumir que en esa vida moderna hay que luchar para conseguir un puesto de trabajo, y que en ocasiones importa mucho más saber desenvolverse con habilidad en cualquier ambiente, por muy ajeno que les sea que todos los títulos carísimos que se obtienen en importantes universidades españolas y extranjeras.

Charlar con un profesor universitario y que se te caiga el alma a los pies es todo uno. Durante años hemos leído con fruición las secciones de Prensa en las que se recogían las barbaridades de los no tan niños que tratan de imponer con los masters conseguidos y que luego no saben nada, pero nada, de lo que hay que saber para salir adelante. Hace días una periodista con supertítulo de Columbia University ponía cara de póquer cuando le hablaban de Oriana Fallaci. Ni idea. Y un flamante economista que había pasado por las aulas de la prestigiosa School de Londres confesaba que había leído media docena de libros en su vida, no sabía quién era Torrente Ballester y decía, sin que se le moviera ni un músculo que lo que le pedía a su futura mujer es que hablara perfectamente inglés y supiera recibir bien, porque es lo que necesitaba para las relaciones sociales de su trabajo. Ni una mención al amor, a la ternura, lo importante era el inglés.

Magníficamente preparados los que han tenido la suerte de poder prepararse bien. Pero, con las excepciones de siempre, hay que preguntarse si están preparados para echar a andar.

Pilar Cernuda, Blanco y Negro, 11-2-1996 *(727 palabras)*

Anotaciones

2 ansia (f.): anhelo [Begierde]
4 mencionar; aquí: hablar de
15 no les cabe en la cabeza: no pueden comprender
16 acceder al mercado laboral: encontrar un lugar de trabajo
17 venirse abajo: desanimarse [den Mut verlieren]
18 tomar las riendas: [die Zügel in die Hand nehmen]
23 engrosar: aumentar
24 Inem (m.): Instituto Nacional de Empleo
25 ahogarse: [ersticken]
27 primordial: fundamental, importantísimo
33 pasar de: no preocuparse de
38 asumir: comprender
40 ajeno/a: extraño
43 caerse el alma a los pies: desanimarse, venirse abajo [mutlos werden]
44 fruición (f.): deleite, complacencia
48 poner cara de póquer: mostrar que no se tiene ni idea
54 ternura (f.): cariño, amor
57 echar a andar: comenzar a vivir por sí mismos

Cuestionario de estudio

1. Enumere y exponga brevemente las cualidades positivas de los Jasp que se mencionan en el texto.
2. ¿Por qué tienen algunos de ellos dificultades para encontrar un empleo?
3. La autora critica la formación de los jóvenes de nuestros días. ¿Se puede decir que su crítica es objetiva? Justifique su respuesta.
4. Felipe González afirmó que la generación actual de jóvenes españoles es la mejor preparada de la historia de España. ¿Qué piensa usted de esta afirmación? Fundamente su opinión con algunos ejemplos concretos.

Cuestionario de estudio

1. De entre las cualidades positivas de muchos jóvenes de nuestros días podemos nombrar las siguientes:
   - Poseen fundados conocimientos en informática.
   - Dominan perfectamente el inglés.
   - Son muy entendidos en materia de bolsa.
   - Pueden viajar sin gran dificultad por todas las partes.
   - En teoría, están preparados para dirigir una empresa o ejercer en una carrera.

2. No pocos jóvenes tienen dificultades para encontrar un lugar de trabajo porque no están preparados para enfrentarse con la realidad de la vida. No tienen la madurez necesaria para encajar el primer no cuando demandan una ocupación y, en lugar de continuar buscando o adquirir las capacidades prácticas que se les exige, intentan perfeccionar estudios en España o en el extranjero, constatando amargamente cuando terminan sus masters que se encuentran en el punto de partida, porque la madurez no tiene mucho que ver con la adquisición de más conocimientos teóricos. Tras largos y costosos estudios se tienen que resignar a recibir el subsidio de desempleo, porque o bien no están dispuestos a aceptar lo que les ofrecen por considerarlo indigno o las empresas no se atreven a emplearlos por considerarlos excesivamente cualificados.

3. La autora crítica que la formación que hoy reciben los jóvenes es muy parcial. Se especializan y reespecializan en una materia y en ámbitos, que se podrían llamar de cultura general, son verdaderos analfabetos. Nombra un ejemplo de una periodista que había terminado sus estudios en una famosa universidad de los Estados Unidos y que ignoraba incluso el nombre de los novelistas más leídos en la Europa de fin de nuestro siglo.
   Otro punto que critica es la deficiente o nula formación sentimental. También aquí relata el caso de un economista formado en una prestigiosa universidad de Londres, quien, después de declarar que apenas había leído media docena de libros, explicaba que las cualidades que él exigía de su futura esposa eran simplemente habilidades que le complementaran en su trabajo (saber inglés y saber recibir).

   La crítica, aunque no es suficientemente diferenciada, es bastante objetiva. La formación que reciben los jóvenes es bastante fragmentaria. La crítica no debe dirigirse a los jóvenes sino a los responsables de la educación escolar y universitaria que elaboran los curriculums escolares. En la escuela se va de un extremo a otro. Hoy todo lo que no tiene que ver con las ciencias exactas es considerado materia de segundo orden.
   En lo que sí se le puede dar a la autora plena razón es en lo referente a la educación sentimental. La escuelas de todos los tipos ven en los estudiantes

solamente cabezas y las familias delegan la formación total a la escuela. El hombre es educado parcialmente, solamente se cultivan sus facultades intelectuales. De una educación sentimental hasta el nombre se desconoce. Sólo los más aplicados saben que es el título de una obra de un escritor francés que es mundialmente conocido.

4. Sobre la afirmación del antiguo presidente del Gobierno Felipe González hay que observar que se le debe dar la razón si con la expresión «la generación la mejor preparada» quiere dar a entender «la que más tiempo ha pasado recibiendo aulas».
   Otra posible interpretación de esta expresión «Los jóvenes que están en el paro son más competentes que los mayores que se encuentran trabajando» es un poco osada. La experiencia que una persona atesora a lo largo de su vida no es nunca equiparable a lo que se aprende en la escuela, aunque se trate de una escuela técnica superior o una institución de renombre internacional. Al médico que conoce el historial patológico de sus pacientes no le es necesario elaborar mediante costosos y complicados análisis un diagnóstico científicamente exacto. Y en un vendedor de todo tipo de artículos, a la larga, cuenta más lo que se designa, sin apenas poder definirlo exactamente, «don de gentes» que los más exhaustivos análisis de mercado.
   La mayor parte de las profesiones exigen habilidades que muchas veces son innatas y otras solamente con la experiencia y los años se pueden adquirir.
   Se puede decir, sin ironía, con Pilar Cernuda que la generación actual no es ciertamente la mejor preparada para afrontar el problema del desempleo que le toca vivir al concluir su megapreparación.

Aquel niño

Aquel niño dedicó dieciséis horas del día a ver la televisión con el consentimiento de sus padres.

Por la mañana contempló veintidós escenas, en las que murieron once víctimas inocentes, tres policías y seis delincuentes. Cinco niñas fueron violadas sádicamente ante los ojos espantados de sus padres que agonizaban con unas azadas clavadas en el vientre.

Por la tarde aquel niño vio unos dibujos animados en los que unos supuestos marcianos invadían la Tierra para extinguir toda la vida que existía en ella sin respetar ni las flores ni las plantas, ni a los niños ni a las vírgenes ni a las hacendosas abejas.

Por la noche el niño saboreó en compañía de sus papás una película en la se contaba las criminales relaciones incestuosas de una familia de esquizofrénicos que acababan por pegar fuego a la barriada en el que cientos de vecinos perecían en una orgía de sangre y llamas que el niño contempló impasible porque ya estaba acostumbrado a ver películas parecidas todos los días

Por último, antes de acostarse, pudo ver un documental científico sobre la vida sexual de unas arañas cuyas hembras devoraban a los machos después de ser fecundadas.

Luego aquel niño se fue a dormir y soñó que desde un cielo brillante de rayos de oro unos ángeles descendían a la Tierra y llegaban a un hermoso prado donde una pastorcita cuidaba un rebaño de ovejitas. Los angelitos saludaron a la pastorcita y sin decir una sola palabra la degollaron y la violaron y después descuartizaron con sus dientecitos a todas las ovejitas que con su sangre – veía en sueños aquel niño – ahogaban a la abuelita de Caperucita que se estaba bañando desnuda con unos leñadores también desnudos que practicaban actos de bestialismo con la enloquecida (de alegría) anciana. Entonces llegaba Caperucita y estrangulaba a la abuelita y a los pastores y repartía su carne entre unos horribles prisioneros caníbales que fabricaban embutidos con la carne de los inocentes que eran seducidos por la Bella Durmiente del Bosque. Luego el niño se durmió.

Al día siguiente su mamá le preguntó qué es lo que había soñado, y el niño, sonriente, enseñando sus dientes de marfil, dijo: —Cosas de la vida, mamá.

Chumy Chúmez, Blanco y Negro, 23-1-1994 *(373 palabras)*

Solidaridad

Se han instalado en la zona más cara de Madrid. Comparten el vecindario con bancos, centros comerciales y el Real Madrid. Son la sucursal del Tercer Mundo en el Paseo de la Castellana. Desde hace un mes 4.200 personas acampan frente al Ministerio de Hacienda para exigir el 0,7% del PIB que el Gobierno se comprometió a entregar a los países subdesarrollados en la Cumbre de Río de Janeiro de 1992. (...) La sana locura de los acampados, dos de los cuales permanecenen en huelga de hambre, se extiende entre la sociedad. Presentamos a uno de los participantes.

Gustavo Herrera Céspedes se vino desde Málaga porque quería vivir solo, pero desde hace 18 días comparte la Castellana con más de cuatro mil personas. A sus 22 años este estudiante de cuarto curso de Matemáticas posee un largo historial como activista de diversas causas. «He participado en movimientos de objetores en Málaga, organizaciones de grupos de marginados, ... porque es normal que seamos los jóvenes los que nos movilicemos, ya que no nos ata ni la familia ni el trabajo».

Gustavo es uno de los escaladores que se dedica a colgarse en los lugares más insospechados para colocar pancartas. «Se trata de buscarse un centro de atención importante». Le encantan estas excursioncillas nocturnas y siempre espera que le toque algún sitio difícil.

Por el momento, sobrevive en Madrid con lo que tiene ahorrado del verano: «No me planteo lo que puede pasar después. Si estoy muy mal, pues ya veré. Además, siempre hay sitios donde trabajar».

Mientras, realiza la prestación social sustitutoria «porque soy contrario al Ejército como necesidad. Si hace falta será que algo falla en el sistema. No quiero hacer la mili porque te cortan la vida». En cambio, el hecho de estar acampado no es para Gustavo una pérdida de tiempo, «aunque sería triste tener que estar aquí un año, porque lo que pedimos es una minucia».

La huelga de hambre le da miedo, «me acojona que la esté haciendo gente que conozco y que puede perder la vida o la cabeza. Pero bueno, es necesaria para poner los puntos a los que tienen el poder o de lo contrario se desbordará el problema». Mientras, él seguirá acampado todo el tiempo que haga falta: «Están jugando con mis cosas y tengo que preocuparme de que lo hagan bien».

Carlos Celaya, El Mundo, 23-10-1994 *(391 palabras)*

La nueva «camada negra»

Ayer fueron detenidos en Madrid cuatro *cabezas rapadas* acusados de haber dado muerte a un súbdito marroquí. Hassan El Yahahaqui, de 25 años, fue malherido el pasado día 14 en Majadahonda y falleció nueve día después en el hospital «Puerta de Hierro» de Madrid. Uno de los cuatro fue L.P.S., alias «El Remos», de 19 años. Según él, atacó a El Yahahaqui «porque se puso en su camino».

No hace falta demasiada perspicacia para trazar el paralelismo sociológico entre «El Remos», «El Bull», «El Jamones» y su cuarto amigo, de un lado, y del otro, los adolescentes que acompañaron al guardia civil Luis Mermo en su incursión asesina contra los inmigrantes del «Four Roses». Son todos hermanos en violencia, pandillismo, alcohol, marginalidad y cutrerío. Estamos muy lejos del fascismo señoritil español de otros tiempos. La xenofobia ultraderechista actual nutre sus filas en el mismo corazón de un *lumpen* que no es *proletariat* porque está en el paro, que no tiene en donde caerse muerto – uno de los detenidos por el asesinato del «Four Roses» vivía con su madre en una casa sin muebles – y que encuentra en el canto del «Cara el Sol» y las agresiones a los inmigrantes el modo de expresar su rencor hacia una sociedad en la que no tiene nada que hacer, de lo cual culpa a «la democracia». Todos ellos, por lo demás, tan críos que ni siquiera pueden apuntarse a lo de que «Con Franco vivíamos mejor.»: ni siquiera habían nacido.

El fenómeno es preocupante. Pero no sólo por ellos. Si debemos felicitarnos por la diligencia con que las Fuerzas de Seguridad han sabido localizar y detener a los culpables confesos de estos crímenes – algo que debe ser subrayado –, no podemos por menos que dejar también constancia de nuestra perplejidad ante la persistente tendencia de las autoridades policiales a obviar el claro componente ideológico racista y ultraderechista de estos graves sucesos. A nada conduce adoptar la táctica del avestruz y pretender que los unos y los otros han actuado así por circunstancias aleatorias, fruto del alcohol, las drogas o querencias temperamentales atípicas. Ese no es el punto esencial. Lo esencial es que, estimulados por esto o por lo otro, atacan a inmigrantes. Tampoco ayuda a avanzar en el análisis del problema que se ponga tanta insistencia en señalar que esta «camada negra» de nuevo cuño no está integrada en ningún partido ultraderechista: resulta evidente que no es ése su estilo. El hecho que hay que afrontar es que un cierto sector de la juventud española parece dispuesto a seguir la corriente inaugurada por sus congéneres en otros países. Nada de «hechos aislados»: un anuncio de lo que puede venir. Afrontémoslo como tal.

Editorial, El Mundo, 21-11-1992 *(449 palabras)*

De jóvenes y radicales

No se puede decir que los jóvenes radicales que actúan en diversas zonas del territorio nacional son un grupo homogéneo. Entre otras razones porque unos actúan esporádica e intermitentemente mientras que otros actúan de modo permanente y más o menos articulados. Los jóvenes de Jarrai por ejemplo, pertenecen a esta segunda clase.

Por eso, creo que es un error dar una explicación general, recurrir a claves que darían razón de todo un fenómeno juvenil al margen de su estructura, sus ideas o sus actuaciones. No es lo mismo, repito, asaltar un ayuntamiento porque se ha suprimido un encierro que romper los cristales de un banco en protesta por la detención de un compañero o en protesta pura y dura contra la Policía. Como no es lo mismo esto último que una sentada pacífica a favor de la insumisión.

En cualquier caso, rompedores, asaltantes o airados, son de la misma generación, están sometidos a problemas similares y viven en un país en el que la vida política es inestable, improvisada, dependiente y sumamente tosca. Viven en un mundo, el llamado con mayor o menor precisión, posindustrial, en donde la carencia de contenidos ideológicos se suple, emocionalmente, a través de los vínculos al grupo. A falta de una política convincente, en una ciudad anónima y de laberinto que se disuelve en cada individuo, el grupo es el lugar de cohesión.

Pero aparte del hecho general, conviene detenerse en lo que viene sucediendo últimamente en Euskadi.

En primer lugar, y centrándonos en los jóvenes que se mueven alrededor de Jarrai (Jarrai quiere decir «continuar» y se encuadra dentro de KAS) lo primero que hay que decir es que son muchos. Muchos quiere decir, proporcionalmente muchos y aunque es difícil dar una cifra precisa se puede hablar de miles.

Los jóvenes de Jarrai son «atípicos», o lo que es lo mismo, no se trata, sin más, de marginales, parados o desclasados sino de jóvenes bien normales, estudiantes, algunos con éxito, y procedentes de familias medias. Es cierto que también se dan los primeros pero ya la combinación no deja de ser atípica.

Verdad es que reivindican una Euskadi independiente, pero no es menos verdad que, si uno mira atentamente, el mapa de sus actos en la calle, descubre que su fuerza se centra en zonas no vascoparlantes, en proceso de desindustrialización acelerada y con una considerable carga de emigrantes. En un paso más, habría que decir que los jóvenes de los que hablamos han vivido en una sociedad en la que la praxis de la violencia ha oscurecido tanto otros planteamientos políticos como otros métodos. Se hereda la convicción de que la violencia de ETA ha sido rentable y, en consecuencia, se toma como un principio difícil de poner en cuestión.

Finalmente, la radicalidad juvenil no deja de ser un símbolo de la impotencia generada ante el atasco político y social. Ni avanzan unos ni avanzan otros. Ante el parón y la frustración, la rebelión se desliza a la lucha frontal, inmediata y directa.

Es esa la situación, algunos observarán, con aire sesudo, que los jóvenes son manipulados mientras que otros insistirán en su capacidad por desbordar cualquier indicación. Puede ser. Pero, ¿qué juicio merece su realidad? ¿Basta con colocarlos en el extremo de un segmento en el que, en la derecha, estarían los grupos neonazis? Lo primero que hay que decir es que no son ni pijos – un mal silencioso que afecta como una enfermedad fatal – ni tienen que ver con los grupos de la derecha que reavivan una vieja y absurda tradición.

Pero conviene añadir enseguida que negándose a otras alternativas, como son las del pacifismo revolucionario, en todas sus manifestaciones, ahogan una visión inteligente del mundo, se insensibilizan ante los valores morales – que no son, por cierto, de la derecha – y, más aún, hacen un flaco favor a las tesis que dicen defender.

Bien es cierto que es difícil, ante tanta porquería ambiental, ser joven, ser consciente de lo que sucede y no sucumbir al rechazo total de lo que nos rodea. En este sentido la radicalidad está justificada. Sólo que radical no es entusiasmarse en quemar un coche o gozar con el ruido. Ser radical, como escribió el clásico, es coger las cosas por la raíz. Y, continuaba el clásico, la raíz del hombre es el hombre mismo. En nuestro caso: la humanización de cualquier protesta y reivindicación.

Javier Sádaba, El Mundo, 2-10-1995 *(729 palabras)*
(Texto ligeramente adaptado)

La gente joven

En un artículo anterior me pregunté qué pensaban los jóvenes cuando yo lo era, es decir, hace unos sesenta años. Saber qué siente la juventud actual en el fondo del alma es pregunta de difícil respuesta. No bastan las encuestas y las estadísticas, mayor realidad y finura nos daría la novela, si no estuvieran los novelistas tan preocupados de las técnicas narrativas, en lugar de esforzarse en contar, con el mayor acierto posible, la imagen que tienen del mundo sus jóvenes protagonistas.

No resulta fácil ser joven, esto es, vivir en la esperanza de que el mundo futuro adoptará las formas y valores que él estima y preconiza. Claro es que se puede ser joven de espíritu, aunque se alcance edad provecta; es conocido lo que Picasso respondía a un visitante que, el día de su 80º aniversario, le decía: «¡Qué joven está, maestro!» «Si supiera, amigo», contestó Picasso, «cuántos años hacen falta para aprender a ser joven». Pero yo me refiero a los jóvenes españoles que andan ahora por los veinte años, es decir, que, más o menos, miraron al mundo cuando el general Franco se estaba yendo de él. ¿Cómo colegir algo del misterio de esa juventud?

No han vivido el franquismo, ni siquiera la transición, y podemos pensar que consideran la democracia como algo dado y natural, cuando ciertamente requiere esfuerzo y riesgo, y comprensión para convencerse de que sus enormes defectos compensan las crueldades e injusticias de las dictaduras. Pienso que, como les ha ocurrido a todos los jóvenes que en el mundo han sido, la felicidad de los actuales depende de su forma de sentir los grandes temas de la vida, los cuales, en su meollo, vienen a ser siempre los mismos.

Nuestro joven no ha conocido la guerra, ni siquiera la fría, porque para él la referencia histórica ha sido la caída del muro de Berlín y el desmoronamiento de la URSS. Ha visto en las pantallas de televisión la guerra del Golfo, cuya rapidez y exhibicionismo le habrá hecho dudar, como a tantos otros, de si realmente tuvo lugar. El peligro es que esa ausencia de conflictos bélicos le haga olvidar que puede haberlos en el futuro, lo cual exige estar alerta y mantener en forma a nuestras Fuerzas Armadas. Al parecer, los jóvenes son mayoritariamente contrarios a la mili obligatoria. Bien, que desaparezca; pero deben cuidar y estimar las Fuerzas Armadas españolas mientras no se constituya el deseado Ejército europeo en el cual participarán.

No creamos por esto que el joven carezca de preocupaciones. La primera es el acceso al trabajo. La enseñanza, felizmente, se ha generalizado en todos los niveles, pero esta masificación ha llevado consigo un descenso de la calidad pedagógica. Lo cual hace más difícil la adquisición por estos jóvenes de los saberes que necesitan para encontrar una colocación, cada vez más especializada. Y se da la paradoja de que, en tiempos como éstos en que la familia había perdido control y autoridad, en cierto modo se ha reforzado al permanecer los jóvenes, a veces forzosamente, más años de su vida en el hogar familiar.

La incomprensión entre las generaciones es inevitable, pero yo siempre valoro a la juventud por su capacidad de ambición. Se han reducido los valores públicamente estimados a número tan escaso, como el poder o el dinero, que existe el peligro de que esos muchachos menosprecien la ambición de triunfar en las ciencias, el arte, la creación o el deporte, donde pueden encontrar grandes satisfacciones personales e incluso la celebridad. Por otro lado, el gran pecado del franquismo fueron los 40 años de ruptura con la continuidad cultural, y que esos jóvenes no hayan tenido grandes maestros y les lleve a simplificar y tergiversar lo que consiguieron sus antepasados.

Tema vital es, claro está, la relación entre los sexos. La libertad sexual es ahora amplísima en el orbe occidental, aunque el SIDA haya echado una sombra sobre ella. Y se ha acabado para siempre el viejo estigma de las madres solteras. La mujer trabaja y es independiente del varón, pero, no siendo iguales, desde el punto de vista profundo, lo masculino y lo femenino, los jóvenes están emplazados a encontrar el difícil equilibrio entre la igualdad y la diferencia entre hombre y mujer, que no supimos encontrar sus predecesores.

José Ortega Spottorno, El País, 6-4-1992 *(719 palabras)*

IV
La condición femenina

Insensatez

No acostumbro a dirigirme a los medios de comunicación para manifestar mis opiniones. Con el resurgimiento de la exigencia de una total legalización del aborto en los tres primeros meses, que se constata en la España de nuestros días, he sentido la necesidad de escribir esta carta con el único fin de que sirva como reflexión.

El principal motivo por el que me opongo a la liberalización del aborto tiene que ver con las parejas normales, con aquellos que, sin habérselo propuesto, pueden ser madres y padres en cualquier momento. Una pareja que mantiene relaciones sexuales y que, teniendo a su alcance todos los medios anticonceptivos existentes, no los emplea, tiene que ser lo suficientemente madura y responsable para asumir los riesgos que tal relación, totalmente legítima, puede llevar consigo. Tener que recurrir en estos casos al aborto lo considero, pues, una insensatez y absoluta falta de madurez y de responsabilidad. En ese sentido creo que la legalización total del aborto sería una insensatez y una injusticia, pues creo que es necesario pensar también en la vida del feto, que para mí ya es en sí un ser humano.

Me permito comparar este tema con el debate sobre drogas duras y blandas y la legalización del consumo de todas ellas que tuvo lugar en la transición. Todos los que luchamos por el derecho a consumir drogas creo que ahora nos arrepentimos; he visto a mi generación en prisión, he visto morir a mis amigos ... Entonces, la sociedad española dio muestras claras de incapacidad, y creo que ahora caemos en la misma incapacidad y locura.

Yo soy contrario al aborto libre, pero sé también que no puedo imponer mis ideas a los demás. Yo pienso que, antes de legalizar el aborto, el Gobierno debería llevar a cabo una gran campaña informativa, intensa y seria, desde todos los frentes: anticoncepción, riesgos del aborto, respeto a la vida ...

No soy un ultra, ni milito en ninguna asociación pro vida, ni nada por el estilo. Tan sólo intento reflexionar sobre la lógica y la ética que caracterizan al ser humano.

Rodolfo Gómez, EL PAIS, 26-4-1991 *(350 palabras)*

Anotaciones

1 no acostumbro a: no tengo la costumbre de
2 resurgimiento (m.): renacimiento [Wiederaufleben]
7 sin habérselo propuesto: sin haberlo querido
9 tener a su alcance: poder emplear, poder utilizar
10 maduro/a: [reif]
11 asumir: hacerse responsable de
12 insensatez (f.): imprudencia [Leichtsinn, Unvorsichtigkeit]
18 en la transición: al final de los años setenta, durante el paso de la dictadura a la democracia
19 arrepentirse: [es bereuen]
21 dar muestras claras de: mostar claramente [deutlich zeigen]
22 caer: [fallen]
locura (f.): [Unsinn]
27 ultra (m.): extremista
militar: [sich einsetzen]

Cuestionario de estudio

1. Resuma y estructure el contenido del texto.
2. ¿En qué casos concretos considera el autor la despenalización del aborto como algo injustificable?
3. ¿Cómo fundamenta el autor su argumentación?
4. Exponga en unas diez o doce líneas lo que la legislación española dispone con referencia al aborto.
5. ¿Qué piensa usted sobre la permisibilidad del aborto?
Justifique su respuesta.

Cuestionario de estudio

1. El texto, en el que se aborda la problemática del aborto o interrupción del embarazo, se compone de tres partes.

   En la parte introductoria, que termina en la línea 5, el autor nos expone el motivo que le ha llevado a escribir esta «carta al director»: En España se pretende legislar una permisión total del aborto si se realiza antes de terminar los tres primeros meses después de la concepción.

   La segunda parte la podemos dividir en dos subpartes. En la primera de ellas el autor expone los argumentos que le llevan a oponerse a la actual y sobre todo a la prevista legislación sobre el aborto. En la segunda subparte compara la discusión sobre la legalización del aborto con el debate sobre la legalización del consumo de las drogas que tuvo lugar en la segunda mitad de los años setenta.

   En la parte final el autor aclara que él no defiende los programas o ideología de ninguna asociación o institución, que él, personalmente, está contra el aborto libre y que lo único que pretende es que se reflexione sobre el problema.

2. El autor piensa que la despenalización del aborto no se puede justificar cuando las relaciones sexuales han sido una libre decisión de la pareja, que se ha decidido por no emplear medios anticonceptivos.

3. El autor fundamenta su opinión: primero, argumentando que quien no pone medios preventivos para evitar la concepción tiene que asumir la responsabilidad de un posible embarazo. Recurrir en estos casos al aborto es injusto porque para él el feto ya es un ser humano; segundo, comparando la discusión sobre el aborto con el debate que tuvo lugar a finales de los años setenta sobre la liberalización del cosumo de las drogas. Aunque la sociedad española de aquel tiempo era partidaria de la despenalización del consumo de drogas, muchos de los que lucharon incluso por el derecho al consumo ven hoy que una decisión legal en aquel sentido hubiese sido perniciosa para la nación. Hay que señalar que el segundo argumento no es tan claro como el primero.

4. Según la actual legislación española, la interrupción del embarazo no constituye delito cuando sea practicada por un médico y en un centro autorizado, dentro de las doce primeras semanas de gestación y después que la mujer haya acudido a alguno de los centros de asistencia y asesoramiento acreditados (entre el asesoramiento y la operación tienen que haber pasado tres días) y se den uno de los siguientes supuestos:
   ➠ indicación* médica: peligro para la vida o la salud física de la madre

* En la legislación española se emplea exclusivamente el término *supuesto*.

- indicacación criminal: el embarazo ha sido consecuencia de una violación (delito).
- indicación eugénica: se prevé que el niño nacerá con graves taras de orden físico o psíquico.
- indicación social: el embarazo supone para la mujer un conflicto familiar, social o personal.

5. Respuesta personal

Violencia doméstica

Cuando quepa establecer los grandes balances del siglo XX, quizá sea el de la «revolución femenina» uno de los rasgos más decisivamente transformadores de la fisonomía de nuestro tiempo. En una sociedad verdaderamente demócrata nadie pone hoy en duda el fantástico potencial de progreso humano que se sigue de la igualdad radical de hombres y mujeres en todos los ámbitos de la existencia. Por eso es comprensible la alarma social y la viva repulsa manifestada ante recientes episodios criminales, como el horrendo uxoricidio de Ana Orantes, quien pagó con su vida la audacia de dar estado público a la tortura continuada en la que habían consistido sus décadas de matrimonio.

Estamos persuadidos de que nos encontramos más ante un problema cultural o social que no propiamente legal. Pero sesenta muertes presuntas en un año, seis mil denuncias por agresiones sexuales y diecisiete mil por malos tratos (aunque devaluemos estas cifras con los porcentajes que quepa atribuir a episódicos arrebatos en la tradición del delito pasional) son cifras reveladoras de la pervivencia de maneras de pensar, actitudes y conductas de la peor estirpe machista en la oscura España.

Si es preciso endurecer el sistema de penas previsto en el Código Penal, acogiendo la figura del extrañamiento para garantizar la lejanía del marido o ex marido potencial agresor, que se haga con prontitud. Si, como otros creen, el problema no está en la ley sino en la excepcionalidad de su aplicación, por la propensión de los jueces a buscar soluciones de composición, facilitadoras de un eventual arreglo familiar, alértese a la Fiscalía General, pídase el dictamen del Consejo General del Poder Judicial, con vistas a rectificar una línea jurisprudencial que debe declararse definitivamente fracasada.

El frente penal no es el único. Los servicios sociales deben multiplicar el esfuerzo de información y asesoramiento, asistencia psicológica y casas de acogida. La Policía ha de extremar su sensibilidad y atención ante las denuncias de malos tratos en el seno del hogar. Las decisiones de la Justicia civil en materia de separaciones, divorcios, derechos de visita a los hijos, etcétera, deben ponderar muy cuidadosamente los riesgos de violencia y la vulnerabilidad habitual de la posición de la mujer.

Todos debemos sentirnos concernidos, en la medida en que la pasividad de muchos propicia la violencia endémica en el seno de aquellos hogares que, para alguno de sus miembros, no son hogares sino verdaderas checas.

Editorial, ABC, 23-12-1997 *(397 palabras)*

Anotaciones

1 caber: ser posible, poderse
6 repulsa (f.): rechazo, aversión
7 uxoricidio (m.): asesinato de la propia esposa
8 audacia (f.): atrevimiento, osadía
dar estado público: dar a conocer públicamente
11 presunto/a: presumible, probable [angenommen]
14 arrebato (m.): obcecación [Verblendung]
18 figura (f.) del extrañamiento (m.): apartamiento, separación
22 alertar: avisar, alarmar
Fiscalía (f.) General: [Staatsanwaltschaft]
29 ponderar: tener en cuenta, considerar
33 endémico/a: constante
34 checa (f.): lugar de tormento [Foltergefängnis]

Cuestionario de estudio

1. ¿Qué hecho concreto ha alarmado a la sociedad española con referencia a la emancipación de la mujer?
2. España sigue siendo una sociedad machista.
   ¿Cuáles son los hechos que permiten al autor formular esta afirmación?
3. ¿De qué se acusa a los jueces en el texto?
4. El autor cree que algunas medidas pueden mejorar la situación de la mujer.
   ¿De qué medidas se trata?
5. Nombre y comente los motivos o móviles que puede llevar a un marido a maltratar a su propia esposa.

Cuestionario de estudio

1. Lo que ha inquietado sobremanera a la sociedad española es que un esposo, que maltrataba constantemente a su mujer, la asesinara porque ella se había atrevido a declarar públicamente (concretamente en un programa de televisión) los brutales maltratos de los que su marido le hacía objeto habitualmente y desde hacía años.

2. El autor del editorial se atreve a sostener que en España todavía hoy persiste el machismo nombrando algunos datos concretos:
   - Sesenta mujeres son asesinadas cada año por sus maridos.
   - Seis mil mujeres tienen que elevar denuncias por agresiones sexuales.
   - Diecisiete mil esposas tienen que acusar a sus maridos de haberlas maltratado.

   Todos estos datos llevan al autor a afirmar que en la España de nuestros días todavía pervive el machismo.

3. La acusación que en este texto se hace a los jueces es que en lugar de hacer un análisis objetivo de los hechos para determinar la ilegalidad y la criminalidad de los actos de los esposos y aplicar la pena prescrita por la ley, pretenden más bien llegar a un acuerdo entre las partes litigantes sin tener que condenar los actos violentos. Esta forma de proceder: el no entrometerse en delitos cuando estos tienen lugar en el ámbito familiar lo considera el autor del artículo como algo ineficaz y nocivo («fracasado»), algo que en lugar de solucionar el problema lo agrava. La misión del juez, en esta delicada materia, no es tratar de llegar a un arreglo sino aplicar las leyes donde se hayan cometido injusticias, delitos y verdaderos crímenes.

4. El autor menciona tres medidas judiciales que podrían mejorar la situación de la mujer:
   - Se tiene que hacer posible que la mujer tras la denuncia no tenga que convivir con el marido, incluso que pueda vivir en un lugar que no sea fácilmente accesible (casas de acogida) al posible agresor.
   - Los organismos del Poder Judicial deben tomar las medidas necesarias para que los jueces apliquen la ley y eviten, como actualmente lo practican con mucha frecuencia, el arreglo familiar.
   - Las decisiones de los órganos judiciales deben tener muy en cuenta los posibles riesgos de maltrato al regular, tras las separaciones o divorcios, el derecho a visitar a los hijos habidos en el matrimonio.

5. Los principales motivos o móviles que, en mi opinión, pueden llevar a un marido a maltratar a su propia esposa son:
   - La frustración originada sobre todo por el fracaso profesional. En este caso la agresividad, que no es siempre física, constituye una válvula de

desahogo para dar salida, para liberarse de las represiones acumuladas en el lugar de trabajo o en otras actividades.

- Posible complejo de inferioridad frente a la personalidad y cualidades de la esposa. El marido quiere demostrar, consciente o inconscientemente, a la mujer que, al menos, en un punto es superior a ella: en la fuerza física. El maltrato al final de una discusión puede ser un sustituto de los argumentos que el esposo no tiene o no sabe formular.
- El consumo excesivo de alcohol que puede posibilitar la irrupción de los instintos más bestiales que existen en la persona humana.
- Conflictos personales más bien de naturaleza irracional como son la envidia, los celos o simplemente el placer de hacer sufrir.

Oratoria feminista

Pienso que las mujeres que adquirimos compromisos en la lucha contra el franquismo y que en estos momentos defendemos que todavía la utopía es un arma imprescindible para transformar las injusticias y desigualdades que existen en la actualidad en nuestro país nos ha llegado el momento de quitar de una vez la careta a *compañeros de viaje* que hoy intentan aprovechar aquel compromiso adquirido en la lucha por los derechos de la mujer, como por las libertades de todos, para pasar factura hoy.

Lo explico: hace unos días, la Comisión «Mujer y Trabajo» de Almendralejo (Badajoz) me propuso, como a otras compañeras que participara en un seminario de dos días que iban a realizar sobre la problemática de la mujer. Seminario que habían proyectado y conseguido aprobar, con gran esfuerzo y con pocos recursos económicos. Acepté inmediatamente a colaborar con ellas. No sólo por el gran esfuerzo que para ellas había supuesto su realización, sino también porque yo había conocido este pueblo como otros de la comarca en una investigación que realicé hace dos años para un trabajo histórico y descubrí, con gran vergüenza por mi parte, el desconocimiento tan grande que hay sobre las mujeres de las zonas rurales a todos los niveles. Y cuál fue mi sorpresa cuando acudo al citado seminario y me encuentro que las otras conferenciantes no habían acudido. Y me cuentan, con gran asombro por mi parte, que existen unas *tarifas*, no sé cómo llamarlo, entre el grupo de estas profesionales de la tribuna y oratoria feminista, que van desde las 50.000 a las 100.000 pesetas, más gastos de viaje y estancia. Una de las supuestas conferenciantes exigió el hospedaje en el parador de Mérida. Como es lógico, las mujeres de Almendralejo no podían hacer frente a estos gastos. Todo esto me pareció escandaloso.

Centré parte de mi conferencia en que su problemática, es decir, la de su entorno, mejor que ellas, que lo estaban viviendo, nadie lo iba a conocer. Que desde su propio conocimiento de la realidad de todos los días deberían de realizar un programa de reivindicación. Que no pensaran que las *profesionales de la oratoria feminista* les iban a solucionar nada. Que fueran concienciando a las mujeres de la necesidad de solucionar sus problemas cotidianos, y que en todo caso nosotras éramos las que tendríamos que aprender de ellas.

Fernanda Romeu, EL PAIS, 14-10-1991 *(389 palabras)*

Anotaciones

1 adquirir compromisos: comprometerse [sich engagieren]
4 quitar la careta: desenmascarar [aufdecken]
7 pasar factura: cobrar, hacer dinero
10 proyectar: preparar, organizar
13 suponer: llevar consigo, significar
15 vergüenza (f.): [Scham]
17 acudir a: ir a, asistir a, presentarse en
me encuentro que: constato que, me doy cuenta de que
18 asombro (m.): admiración
21 estancia (f.); aquí: hotel, pensión
22 hospedaje (m.): [Unterbringung]
parador (m.): hotel-restaurante de bastante lujo
24 su entorno (m.): el mundo que les rodea
28 concienciar: hacer tomar conciencia

Cuestionario de estudio

1. Estructure y resuma con sus propias palabras el contenido del texto.
2. ¿De qué acusa la autora a algunas «feministas»?
3. Cuente con sus propias palabras lo sucedido en Almendralejo.
4. ¿Qué sabe usted del movimiento feminista?
   ¿Está usted de acuerdo con sus fines?
5. Explique lo que Fernanda Romeu quiere poner de manifiesto en este artículo.

Cuestionario de estudio

1. El texto que nos ocupa y que está dedicado a problemas relativos a la emancipación de la mujer en las zonas rurales se puede dividir en tres partes.

   En la primera parte la autora formula una grave denuncia contra el comportamiento oportunista y egoísta de algunas «feministas».
   En la segunda parte, que coincide con el segundo párrafo, se expone un caso concreto del censurable comportamiento al que alude la autora de una manera general en la parte inicial.
   La autora concluye su texto afirmando que las únicas que pueden realmente resolver los problemas de discriminación sexual son las propias afectadas.

2. La autora acusa a algunas feministas de oportunismo, egoísmo e hipocresía. Se alinean en las filas de los defensores de la libertad, cuando su verdadero objetivo en las campañas de emancipación de la mujer no es la reivindicación para las mujeres de los derechos que tradicionalmente han estado reservados a los hombres, sino ganar la mayor cantidad de dinero posible, haciéndose pagar elevadísimos honorarios por sus intervenciones y exigiendo ser hospedadas en hoteles carísimos.

3. En Almedralejo, un pueblo de Comunidad Autónoma de Extremadura, la comisión «Mujer y trabajo» había organizado un seminario sobre los problemas de la mujer, al que había sido invitada como ponente, entre otras, la autora del artículo. Cuando llegó para dar una de sus charlas a Almendralejo, Fermanda Romeu constató con gran estupefacción que las otras conferenciantes no habían acudido. La comisión «Mujer y trabajo» no disponía de medios suficientes para pagar los enormes honorarios y proporcionarles las lujosas estancias que las feministas exigían.

4. El feminismo es un movimiento que pretende conseguir la igualdad de derechos y oportunidades entre hombres y mujeres.
   El feminismo niega la llamada «inevitabilidad» de la superioridad masculina tanto en campo personal como en el profesional y afirma que la dominación masculina sobre la mujer no surge de una superioridad física o intelectual, sino de una amplia gama de prejuicios referentes al sexo. El feminismo afirma que la mayor parte de las diferencias entre el hombre y la mujer no son biológicas, sino culturales.

   Yo me adhiero totalmente al fin fundamental del movimiento feminista que es la defensa de la igualdad social, económica, jurídica y política del hombre y la mujer. El hombre y la mujer tienen los mismos derechos. El peligro del feminismo es ver en el hombre un rival o enemigo de la mujer. El hombre y la mujer, en mi opinión, tienen los mismos derechos pero son diferentes. Esta diferencia no debe llevar a una lucha. Las diferencias entre el hombre no son antitéticas sino complementarias.

5. Fernanda Romeu quiere hacer ver en su artículo que entre los autodenominados «liberadores» puede haber muchos charlatanes. Se pueden dar muchos casos de personas que se aprovechan de la oportunidad que brinda la tradición, la ideología y programas concretos de agrupaciones o movimientos políticos para ocupar puestos sin tener la verdadera vocación y quizá tampoco la competencia necesaria para ello. Sus fines aunque parezcan muy humanitarios son en realidad materialistas y personales.
Otro punto que también quiere hacer ver la autora es que la verdadera solución de los problemas personales frecuentemente no viene de fuera y muchas veces no se encuentra en teorías y frases que algunas personas recitan tras haberlas aprendido de memoria. La solución de los problemas personales es de carácter individual.

La situación laboral de la mujer no mejora

Es cierto que cada vez es mayor el número de mujeres que se incorporan al mercado laboral. Sin embargo, todavía su número es muy reducido si lo comparamos con el de los varones que tienen un empleo. Según la Encuesta de Población Activa para 1996, en España, un 65 por ciento de los ocupados son varones y un 35 por ciento son mujeres. Es muy posible que en realidad haya más mujeres que desempeñan algún tipo de actividad remunerada de las que la mencionada encuesta contabiliza. Muchas de ellas lo hacen en sectores que difícilmente se pueden controlar como puede ser el servicio doméstico, determinados sectores de la hostelería, la venta a domicilio u otros campos que pueden recibir el nombre de «economía más o menos sumergida».

Sean muchas o pocas las mujeres que actualmente realizan una actividad remunerada fuera del hogar, el obstáculo fundamental con que se encuentran muchas féminas que se incorporan al mercado laboral es que no lo hacen en igualdad de condiciones con el hombre: Por el mismo trabajo, en muchos casos, recibe el varón una remuneración superior y muchos lugares de trabajo bien pagados no son accesibles para las mujeres por estar reservados a los hombres.

Por otro lado, la realización de un trabajo remunerado no libera, en la mayor parte de los casos, a la mujer de responsabilidades que desde siempre ha venido asumiendo. Entre ellas se pueden citar el trabajo en el hogar y la educación de los hijos.

Las situación humana y laboral de la mujer preocupa y tiene que preocupar a los que tienen responsabilidades políticas, pero es evidente que no podrá realmente mejorar mientras la sociedad y sobre todo el varón no acepte una igualdad real de derechos y deberes entre los sexos.

Elena Rovira, ABC, 11-3-1997 *(308 palabras)*

Anotaciones

1 incorporarse a: participar en, entrar en
2 reducido/a: pequeño, limitado
3 varón (m.): ser humano de género masculino
4 ocupado (m.): persona que tiene un empleo
7 contabilizar: contar, registrar
8 servicio (m.) doméstico: empleadas del hogar
9 venta (f.) a domicilio: [Hausieren]
economía (f.) sumergida: trabajo clandestino [Schwarzarbeit]
11 sean: pueden ser
13 fémina (f.): mujer
15 remuneración (f.): paga, salario
16 accesible: [erreichbar]
18 asumir: [übernehmen]

Cuestionario de estudio

1. Resuma brevemente el contenido del texto.
2. ¿Por qué no es fácil determinar el número de mujeres que trabajan fuera del hogar?
3. El autor habla de una doble discriminación de la mujer trabajadora actual. ¿En qué consiste esa la discriminación?
4. En las clases de español hablamos de la discriminación directa e indirecta de la mujer en la vida laboral.
   Explique nombrando ejemplos concretos los dos términos.
5. ¿Se puede mejorar, en opinión del autor, definitivamente la situación de la mujer mediante decisiones políticas?
   ¿Comparte usted su opinión?
   Fundamente su respuesta.

Cuestionario de estudio

1. El texto, en el que se analiza la situación actual de la mujer en el mundo laboral, se puede dividir en tres partes.

   En la primera parte del texto, que va hasta la línea 10, el autor constata que, a pesar de que en los últimos tiempos la situación ha mejorado, todavía hoy el número de mujeres que trabajan fuera del hogar sigue siendo bastante reducido en relación con el de los hombres.
   En los párrafos dos y tres se mencionan dos aspectos negativos de la actividad laboral de la mujer:
   - Son peor pagadas que los hombres y no obtienen lugares bien remunerados como son las actividades directivas.
   - A pesar de trabajar fuera de casa, tienen que seguir realizando casi todos los trabajos del hogar.

   El autor concluye el texto afirmando que la situación laboral de la mujer sólo mejorará cuando el varón acepte plenamente la igualdad de derechos y deberes del hombre y de la mujer.

2. El número de mujeres que trabajan fuera del hogar no es fácil de determinar porque muchas lo hacen en actividades que difícilmente pueden ser abarcadas por las estadísticas. El autor nombra tres actividades de este género: el servicio doméstico, la hostelería y la venta a domicilio. Para muchas personas que trabajan en estos sectores no se paga ningún tipo de impuesto y por ello es muy difícil determinar el número de personas que están ocupadas en estos servicios.

3. La doble discriminación de la mujer a la que hace referencia el autor es:
   - La discriminación en lugar de trabajo: ganan menos que los hombres y reciben lugares de trabajo de segundo o tercer orden.
   - La discriminación en el hogar: a pesar de tener frecuentemente como el hombre un horario completo y una cualificación igual o superior a la de él, la mujer tiene que asumir todos o casi todos los trabajos de la casa como son la limpieza, cocinar y educar a los hijos.

4. Se da una discriminación directa de la mujer (esta discriminación está prohibida por la ley) cuando ésta realiza el mismo trabajo que el hombre y recibe una remuneración menor. Hombre y mujer realizan la misma labor y la mujer, por ser mujer recibe menos sueldo.
   La discriminación indirecta se da cuando las actividades laborales son catalogadas de antemano en dos tipos: unos trabajos que son propios de mujeres y otros que están reservados a los hombres, considerando los trabajos que se reservan a los varones de mayor valor y dignos de mayor retribución. Esta discriminación es bastante más sutil que la anterior y por ello muy difícil de ser controlada y perseguida por la ley.

5. El autor piensa que los políticos tienen que responsabilizarse y tratar por todos los medios de mejorar la situación injusta en la que se encuentra la mujer que ejerce una actividad laboral fuera del hogar, pero piensa también que no es la política la que podrá solucionar el problema de una manera definitiva. Se trata en el fondo de un problema social. La sociedad y sobre todo el varón son los que tienen que aceptar y asimilar que la mujer tiene los mismos derechos que el hombre.
   Yo comparto plenamente la opinión del autor. Las leyes pueden regular y evitar situaciones extremas en la injusta discriminación de la mujer, pero la cuestión es un problema que sólo se puede resolver haciendo desaparecer la mentalidad patriarcal que ha caracterizado y todavía caracteriza a nuestra sociedad. La mujer tiene los mismos derechos y deberes que el hombre. Las consecuencias prácticas de este principio sobre todo en la vida familiar las tiene que sacar el hombre evitando que la mujer sea *explotada* simplemente por el hecho de ser mujer.

Mujer

Que la mujer tiene alma parece un hecho medianamente aceptado. En el mundo occidental ya sólo ponen el fenómeno en entredicho los propiamente desalmados o algunos infelices que por las madrugadas ahogan sus desengaños de amor a fuerza de alcohol y resentimiento. Que la mujer tenga los mismos derechos que el hombre también goza de la aprobación general de la sociedad, por más que por lo bajo se oiga rechinar de dientes y palabras poco dignas. Que la mujer ejerza esos derechos con el beneplácito general ya es otra cuestión. Hay recelos, hay murmuraciones, hay menosprecio, hay paternalismo y, sobre todo, hay temor. Todo eso hay y todo eso vi días atrás en la celebración del Día de la Mujer trabajadora, que a pesar de no venir en rojo en los calendarios, cada vez es un día más señalado y conmemorado por más que el almanaque actual se nos haya convertido en un queso gruyère en el que sólo quedan por glorificar el Día del Buzo y el Día del Primo Político.

El susodicho Día de la Mujer trabajadora se celebra mayormente con una lluvia de cifras que vienen a confirmarnos todos esos temores e injusticias a los que me refería un poco más arriba. También se celebra con cháchara de machos y chistes de calibre grueso que quieren hacernos olvidar que entre los sucesos fundamentales a recordar en la historia del siglo XX quedará la revolución de las faldas y su asalto al mercado libre del trabajo. Ya no hace falta que las señoras acudan al hipódromo para arrojarse a los caballos en reivindicación de sus derechos, y en cierto modo suena a historia antediluviana la discusión que en el Parlamento español mantuvieran hace poco más de sesenta años Clara Campoamor y Victoria Kent sobre si la mujer tenía o no derecho a voto, pero todavía han de darse unas vueltas de tuerca que acaben con abusos y desmanes solapados por más que al hombre le tiemble el suelo bajo sus pies y se sienta cada vez más atornillado.

En el mismo instante en que escribo éstas líneas, veo por la ventana cómo un taxista detiene su coche y le entrega las bolsas de la compra a una cliente que, mientras desciende del taxi y recoge las bolsas, habla acaloradamente por un teléfono portátil. El taxista se queda mirando las piernas envueltas en seda de la ejecutiva y la ve marchar, mitad admirado, mitad compungido.

Así viene a sentirse más o menos el hombre, descolocado y con su taxi invadido por una mujer que tiene claro adónde quiere ir. De hecho, lo único que le está fallando a la nueva mujer es el hombre. El taxista trémulo que ya no sabe cuál es su papel en este nuevo acto de la comedia humana, un hombre desarmado que ya no puede jugar a déspota y que se ahoga en los terrenos de la ternura. El hombre moderno es un fantasma de sí mismo, un espectro que busca encarnadura, un alma en pena que vaga entre lamentos de calzonazos, sumisos y desesperados que se han echado al monte, maquis de una guerra perdida. Si de aquí a poco no quiere verse compartiendo el planeta con un pelele, la mujer ha de empezar a mirar por el hombre. Por el bien de todos, quizá haya llegado ya la hora de celebrar el Día del Hombre.

Antonio Soler, ABC, 17-3-1996 *(564 palabras)*

Anotaciones

2 poner en entredicho: poner en duda
3 por las madrugadas: a primeras horas del día, por las mañanas
6 rechinar (m.) de dientes: [Zähneknirschen]
7 beneplácito (m.): acuerdo
11 almanaque (m.): calendario
12 glorificar: celebrar
15 cháchara (m.): conversación frivola
23 vuelta (f.) de tuerca: [Schraubendrehung]
24 atornillado/a: [zusammengeschraubt, unterdrückt]
29 compungido/a: atribulado, afligido
32 trémulo/a: temblando, con miedo
35 encarnadura (f.): encarnación [Menschwerdung]
36 calzonazos (m.): cobarde
echarse al monte: resignar
37 maquis (m.): [Untergrundkämpfer]
38 pelele (m.): muñeco

Cuestionario de estudio

1. Estructure y resuma el contenido del texto.
2. ¿Qué nos dice el texto del progreso de la emancipación de la mujer hasta nuestros días?
3. Explique con sus propias palabras lo que el autor vio en la calle cuando escribía el artículo.
4. El autor del texto considera al hombre moderno como un fracasado.
   a) Explique por qué.
   b) ¿Comparte usted su opinión?
5. Enumere y comente brevemente los principales recursos retóricos de los que se sirve el autor del texto.

Cuestionario de estudio

1. El texto, escrito con motivo del Día de la Mujer trabajadora y dedicado al tema de la emancipación femenina, se puede dividir en tres partes.
   En la primera parte del texto, que se extiende hasta la línea 12, el autor constata que, aunque la mayor parte de los hombres (varones) de nuestro mundo occidental admite que las mujeres tienen, en principio, los mismos derechos que los hombres, a la hora de la verdad, cuando la mujer quiere hacer valer sus derechos encuentra rechazo y oposición en el mundo varonil.
   La segunda parte se compone de dos núcleos.
   En el primer núcleo, que coincide con el tercer párrafo, el autor, después de afirmar que la emancipación de la mujer ha sido uno de los acontecimientos más notables del siglo que estamos acabando, pone en claro que todavía hay abusos e injusticias y que el hombre todavía no ha sabido integrarse en la nueva realidad.
   En el segundo núcleo, que termina en la línea 29, el autor narra una vivencia personal en la que se ve claramente la inseguridad que provoca en algunos hombres la emancipación de la mujer.
   En la tercera parte se describen algunas consecuencias concretas que han tenido para el hombre la liberación de la mujer. El hombre ha perdido su identidad y se siente inseguro ante la mujer que ahora parece ser un ser superior a él.

2. En el texto se nos dice que el progreso en el ámbito de la emancipación femenina ha sido enorme. El que la mujer tuviera que defender tan sólo hace sesenta años su derecho a voto nos parece hoy inconcebible. Aunque el autor es consciente de que el machismo continúa existiendo, se atreve a afirmar, no sin cierta ironía, que la mujer ha llegado a un grado tan alto en el camino de su propia liberación, que hoy quien realmente tiene que emanciparse es el varón (Día del Hombre).

3. El autor nos cuenta que cuando escribía el artículo pudo observar en la calle una escena significativa para este tema. En la calle se paró un taxi del que salió una mujer, hablando por un teléfono portatil y que continuó su camino sin preocuparse del taxista. El taxista se quedó mirando a la mujer sin acertar a comprender su comportamiento.

4. a) El autor del texto considera al hombre moderno como un fracasado. Como el taxista de la anécdota, entre admiración y aflicción, no acierta a apechugar con la realidad. El hombre moderno está desorientado ante una mujer emancipada. En su nueva vida el patriarca de otro tiempo no sabe cuál es ahora su papel en la vida. El sentimiento de vencido y derrotado le impide definirse a sí mismo y de este modo poder encontrar su identidad. Hubo hombres que

se preocuparon por la situación de la mujer y ahora, en opinión, del autor debe haber mujeres que se preocupen del hombre.

b) La opinión del autor sólo se puede compartir parcialmente. Que el marido de una ministro, de una directora general de un banco, de una médico de fama tenga dificultades en encontrar su identidad y se sienta un poco muñeco frente a su mujer que triunfa en la vida es una cosa lógica. En la vida real estas mujeres son desgraciadamente todavía una excepción. El hombre, la mayoría de los hombres siguen interpretando su papel de «macho», sintiéndose superiores a las mujeres. Este sentimiento de superioridad tiene su último fundamento y encuentra respaldo en la manera de pensar de una sociedad que sigue discriminando a la mujer tanto en el campo laboral como social.

5. De entre los recursos que utiliza el autor en este texto podemos mencionar:
   - Las denominaciones de que el autor se sirve para designar al hombre: «calzonazos», «Maquis de una guerra perdida», «pelele», «fantasma de sí mismo», «espectro». Mediante estas denominaciones al autor quiere expresar plásticamente la situación de inseguridad en la que se siente el hombre actual ante una mujer libertada y segura de sí misma.
   - Repeticiones anáforicas: En la primera parte aparece «hay» cinco veces seguidas al inicio de la frase. Con el empleo anáforico y machacón de esta forma verbal se acentúa cada uno de los elementos de la enumeración, dando cierto dramatismo a la aún existente actitud masculina de rechazo frente a la mujer emancipada.
   - También encontramos expresiones metafóricas como: «comedia humana» (vida), «revolución de las faldas» (emancipación de la mujer), «queso gruyère» para aludir al color rojo en el que aparecen los días festivos del calendario.

Se mantiene la discriminación laboral

El índice de paro femenino está alcanzando los niveles más bajos de las últimas dos décadas, pero la discriminación laboral de las mujeres persiste ya que muy pocos convenios colectivos incluyen medidas activas para eliminarla, según diversos estudios presentados ayer en unas jornadas celebradas en Barcelona dentro del programa de Igualdad de Oportunidades de la Unión Europea. En abril de este año el paro femenino se redujo en España hasta el 18,99%, pero seguía siendo casi el doble que el masculino, que se sitúa en el 10%. En Cataluña el paro femenino es del 12,66%, la tasa más baja de los últimos 17 años, pero sigue siendo superior al masculino, que alcanza el 9,73%.

Pese a esta mejora en la ocupación, la discriminación por razón de género persiste. Las mujeres siguen cobrando un 30% de salario menos que los hombres por el mismo trabajo, y son muy escasos los convenios colectivos que introducen medidas para corregir las discriminaciones. Un estudio realizado sobre 548 convenios colectivos firmados en Cataluña entre febrero de 1996 y mayo de 1997 revela que sólo 36 de ellos incluían cláusulas de promoción de la igualdad salarial, de horarios y de condiciones de trabajo; únicamente en 37 había apartados de protección de la maternidad, y apenas 10 tenían cláusulas para regular el acoso sexual.

Otro estudio realizado por la Universidad de Cádiz en 1996 indica que sólo el 20% de los convenios colectivos estudiados – una muestra de 97 – recoge algún tipo de medida de acción positiva para las mujeres El estudio cita el caso de una fábrica en la que una línea de producción ocupada por mujeres estaba menos remunerada que idéntica línea ocupada por hombres. «Se supone que los convenios colectivos mejoran las condiciones laborales fijadas en la normativa. Pero en el caso de las mujeres, eso no es así. La mayoría de los convenios no introducen ninguna mejora, y en el mejor de los casos se limitan a reproducir lo que ya establece la ley», explicó Joaquina Alemany, presidenta del Instituto de la Mujer de Cataluña. Así ocurre, por ejemplo, con relación al permiso de maternidad. Según Concepción Dancausa, directora del Instituto de la Mujer, sólo el 1,5% de los hombres toman las cuatro semanas de permiso que la ley les permite por el nacimiento de un hijo.

Editorial, El País, 14-5-1997 *(383 palabras)*

El Instituto de la Mujer critica el contenido de los «culebrones»

La directora del Instituto de la Mujer, Marina Subirats, afirmó ayer que los «culebrones» que emiten las cadenas de televisión «están frenando la consolidación de los nuevos modelos de relación entre hombres y mujeres, ya que reproducen formas del pasado ya superadas».

En declaraciones a Europa Press, Subirats pidió una programación dirigida a la mujer «más diversificada», y no circunscrita a su función como madre, esposa o ama de casa. «Como género no estoy en contra de los «culebrones». Otra cosa son sus contenidos: repetitivos, de baja calidad, y que muestran un tipo de relaciones interpersonales que representan el pasado, copiados de formas de vida de América Latina que, en mi opinión, están desfasadas, incluso en esos países», dijo.

La directora del Instituto de la Mujer señaló «que las telenovelas presentan sistemáticamente a una mujer que no trabaja fuera de casa, y si lo hace es para distraerse, que no tiene recursos propios ni autonomía y cuya vida se centra en el ámbito familiar».

«En la relación hombre-mujer siempre aparece como sometida a la voluntad del marido, lo que la obliga a intrigar para conseguir aquello que desea manejando al hombre mediante supuestas artes femeninas», explicó Marina Subirats.

Para la responsable del Instituto de la Mujer está claro que «hoy las relaciones de pareja en España son mucho más democráticas. Los modelos que se ofrecen desde los «culebrones» frenan los nuevos modelos de relación. Si día a día, ves unas imágenes en las que la mujer dice sí a lo que el marido quiera, están sólo interesadas por sus labores y no hablan de otras cosas, te parece que es normal y real, y acabas asumiéndolo».

Marina Subirats también manifestó que las telenovelas deberían reflejar más bien modelos de conducta del presente o, mejor áun, del futuro, como desarrollo de los nuevos modelos de igualdad.

Por otra parte, la directora del Instituto de la Mujer advirtió que si Antena 3 TV decide reponer la emisión de la serie *El sexólogo*, vendida a esta cadena privada por Televisión Española, el Instituto estudiará la posibilidad de denunciar a la nueva cadena propietaria de la serie.

Fernando Tola, El Mundo, 3-1-1995 *(364 palabras)*

El comienzo

Anualmente celébrase «El Día Internacional de la Mujer Trabajadora» para reivindicar los puestos de trabajo antaño monopolizados por el varón. El año 1996 ha sido histórico entre los históricos, pues las féminas españolas tuvieron el coquetón detalle de regalar, a los peatones masculinos, hermosos guantes de goma análogos a los habitualmente usados para hacer las repugnantes tareas de lavar, etcétera, etc, etc.

Lógico. Si la mujer trabaja en labores varoniles es justo que los hombres desempeñen tareas femeniles. Pero en este analfabético país no basta con proclamar a los cuatro vientos que la coyuntura social exige al género masculino cooperar en los asquerosos quehaceres del hogar. Hay que enseñarles, además, la técnica para realizarlos.

Matilde Femández, destacada joven que fue ministra, dio el ejemplo a seguir en su famosa campaña «¡Póntelo, pónselo!», donde también se regalaban utensilios de goma. Supo acompañar el regalito en amplios cursillos en escuelas, institutos y universidades para enseñar las diversas y más acertadas formas de usarlos.

Las organizaciones feministas están a tiempo de dotar con el máximo esplendor «El Día Intemacional de la Mujer Trabajadora» del año que viene preparando masivos desfiles ante las autoridades competentes, si es que queda alguna, para solicitar la creación de «cursillos hogareños mixtos» en todos los centros de enseñanza, ya que tanto las mujeres como los hombres que quieren emanciparse trabajando fuera del hogar están «peces» y «pezas», respectivamente, en las inmundas labores que todo hogar requiere.

Hay que resignarse. Por mucho que nos emancipemos para estar la mayor parte del día fuera de nuestro domicilio habitual, no hay forma de librarse de las esclavizantes tareas de cocinar, planchar, lavar, fregar y demás quehaceres domésticos impropios de personas civilizadas. Sólo la unión de hombres y mujeres en tan aborrecido esfuerzo podrá salvarnos del divorcio, la separación y el desamor. La pareja que barre unida, jamás será vencida.

Evaristo Acevedo, Blanco y Negro, 10-11-96 *(309 palabras)*

El Aborto a debate

Describe Rafael Gómez Pérez la mente fanática posmoderna como una pupila: cuanta más luz recibe, más se cierra. El aborto es, sin duda, una de esas cuestiones en la que los nuevos fanáticos menos luz están dispuestos a recibir. Es más fácil arrancar un hijo del útero de su madre que de su pensamiento. Hijo y madre son las palabras clave de una cuestión que si prescinde de ellas se encontrará enredada en una frívola madeja de eslóganes y naderías. La sustitución por las de mujer y embrión o preembrión nos colocan en un lugar de partida para este debate que extrae o elimina previamente cualquier componente de responsabilidad o de relación interpersonal. No se trata de polemizar para anatematizar o criminalizar el aborto de ayer, sino de aportar un poco de luz a la mujer que pueda pensar en abortar mañana. La palabra madre conlleva indisolublemente unidas la de padre y la de hijo. En esta terna se entremezcla una mutua necesidad de existencia, y en ese escenario, Padre-Madre-Hijo, el aborto voluntario es una cuestión de tres. Los problemas de uno de los sujetos afectan a los otros dos y, por tanto, las posibles soluciones no pueden relegar ni soslayar a ninguno de ellos. Necesitamos encontrar soluciones para los tres, eso es actuar en nombre de la razón y del progreso. Es siempre más progreso el progreso de tres que el progreso de dos. Son tres sujetos, madre, padre e hijo, que no pueden entenderse de forma aislada; no contemplar esta realidad de forma completa nos conduce a la superficialidad o a la miopía.

Existen dos términos que han logrado sustraerse del debate del aborto: padre y muerte. Dos conceptos imprescindibles y vinculados necesariamente a la palabra madre y a la palabra vida. Es verdad que todo resulta más fácil sin esas dos figuras. Si no hay padre, los problemas, la angustia, el dolor y la responsabilidad son sólo de «una». La decisión es también unipersonal y la palabra hijo tiene más difícil cabida o llega a aparecer como un postizo. Sin «muerte» no hablaremos de vida aunque exista, aunque esté ahí, es mejor no hablar de ella o nos veremos obligados a apelar a la muerte. Es más políticamente correcto interrupción, eliminación o extracción, incluso aborto, todo menos muerte. Si lo que hay en el seno de la madre está vivo, y eso es una evidencia o una obviedad, cuando discurrimos sobre el aborto, discurrimos sobre la muerte. La muerte deja tras sí el vacío y la tristeza, y nadie puede creer y explicar que pueda haber aborto sin un epílogo de vacío y tristeza. La negación de algo, por firme, ruidosa o mayoritaria que sea, no condiciona su existencia. En la apuesta decidida por la no violencia, por la vida, ni la madre a la cárcel ni el padre al olvido, ni el hijo a la basura o a la fábrica de cosméticos.

En la apuesta por la vida, padre y madre deben ser ayudados, amparados, para que puedan proteger adecuadamente a su hijo en gestación. Para que accedan con dignidad y seguridad a ese mágico y fascinante momento de la maternidad o la paternidad. La posibilidad del aborto ante la angustia, la miseria, el oprobio o la imperfección física no puede ser tutelada desde una posición de responsabilidad y progreso. El aborto no puede ser mostrado a nuestros hijos e hijas, a nuestros o nuestras jóvenes como una alternativa, como un acto susceptible de amparo o tutela. Nuestra obligación es explicar las cosas tal como son, dónde está la vida y dónde la muerte, y sólo en el marco de la vida podemos buscar, humana y dignamente, las alternativas o las soluciones. Que en el futuro nadie pueda decir de nuestro Estado, de nuestras leyes o de nosotros mismos aquella máxima que Cherterton ponía, a principios de siglo, en boca de un rico patrono, deseoso de aliviar la pesada carga que una nueva boca hambrienta pudiera representar para una modesta familia trabajadora, dirigiéndose en admonitoria frase a uno de sus asalariados: «No me pida usted, amigo mío, que me quede sin mi dinero, pero le voy a hacer un favor, me quedaré sin sus hijos».

Julio Ariza Irigoyen, El País, 23-9-1997 *(699 palabras)*

La raíz del problema

Ni el tema del maltrato doméstico es, desgraciadamente, algo tan anecdótico como pretende el señor Alvarez Cascos, vicepresidente del Gobierno, ni las soluciones al conflicto van a venir de un endurecimiento de las penas por agresiones.

Si algo sabemos sobre este problema que afecta a tantísimas mujeres es, precisamente, que los remedios fáciles no sirven; que algo tan enraizado en nuestro sistema social requiere soluciones a largo plazo.

No hace todavía muchos años, el Código Penal reconocía el derecho que los hombres tenían a corregir a sus mujeres siempre y cuando éstas no les obedecieran o no accedieran a sus deseos. Han cambiado las leyes, es cierto, pero la sociedad tiene tan profundamente interiorizada la inferioridad de las mujeres que es muy difícil modificar en pocos años una creencia tan ancestral. El control social sobre las mujeres, ejercido fundamentalmente por los varones de la familia, ha existido siempre y, aunque las formas han cambiado – hoy ningún hombre tiene a gala maltratar a su esposa –, el fondo del problema permanece casi inalterable. Es más, casi nos atreveríamos a decir que la violencia doméstica contra las mujeres puede agudizarse en la medida en que éstas rechacen las limitaciones del rol que les ha sido asignado o que los hombres sientan los cambios que se están produciendo como una pérdida de privilegios.

Decíamos que habían cambiado las formas, pero algunas de ellas aún persisten. ¿Quién no conoce en su entorno a alguna pareja en la cual el hombre humilla y desprecia sistemáticamente en público a la mujer? Por otra parte, todas y todos habremos oído decir en alguna ocasión – quizás en algún caso hasta hemos sido cómplices: «no pegues a las niñas», o «que se defienda como un hombre». Expresiones tan inocentes como ésas no hacen sino reforzar los roles que asignamos a ambos: el de débil y necesitada de protección para ella; el de fuerte y defensor para él. Es la propia sociedad la que concede una valoración positiva a la violencia entre niños; a las niñas, en cambio, no se les enseña a defenderse. Y en esa asignación de roles, la protección que se le exige al hombre es siempre a cambio de la sumisión de la mujer.

Los malos tratos están, por tanto, en la base de nuestra cultura, en nuestra forma de relacionarnos. El origen de los mismos está en el poder que la sociedad concede a los hombres; y, así, ocurre que algunos hombres hacen un uso abusivo del mismo. No es, pues, anecdótico ni casual que se produzcan; digamos que es, hasta cierto punto, la consecuencia lógica de un tipo de organización social que educa a mujeres y hombres para cumplir roles completamente distintos, y que justifica en unos lo que jamás perdonaría en otras. Por otra parte, no se puede ignorar que, detrás de cada agresión doméstica, existe un conflicto, a veces muy prolongado en el tiempo y muy complejo en su origen y manifestaciones. Por eso, el Código Penal resulta totalmente ineficaz, ya que su función es castigar la infracción, no resolver el problema de fondo.

Mientras hombres y mujeres sigamos siendo educados para cumplir roles completamente distintos – ellos para defendernos, protegernos, traer el sustento a casa, etcétera, y nosotras para cubrir sus necesidades afectivas, cuidarles, alimentarles, etcétera – no se resolverá este problema. Por ello, aunque a corto plazo no tengamos más recursos que la aplicación del Código Penal o los servicios de atención al maltratador, la solución definitiva vendrá de la mano de una educación no sexista, de la independencia económica de las mujeres y de que también los hombres se incorporen a los cambios que se están produciendo en la sociedad y que van en la línea de una mayor igualdad en todos los ámbitos de la vida social.

Begoña Muruaga, El Correo, 5-1-98 *(628 palabras)*

V

Los indios y su América

Un heredero de Bartolomé de las Casas

El obispo Samuel Ruiz ha sido acusado del peor pecado que se puede cometer en la aristocrática y conservadora ciudad mexicana de San Cristóbal de las Casas: decir la verdad, ayudar y defender al indio, de la misma manera que acusaron a Bartolomé de las Casas, antecesor suyo, de «alzador de indios».

Cuando Bartolomé de las Casas llegó a Chiapas en 1544 para ocupar la silla episcopal de San Cristóbal, encontró una situación de injusticia hacia los indios no muy diferente a la que sufren hoy sus descendientes. Polémico y combativo, en 1542 logró convencer al rey español Carlos V para que expidiera las Nuevas Leyes de Indias, un golpe mortal a las encomiendas que veían en los indios objetos y no personas. La lucha de los criollos de toda la América hispana en contra suya fue terrible, logrando derogar las Leyes. Bartolomé de las Casas no cesó por ello en su lucha.

Monseñor Ruiz ha sido denunciado repetidamente por el poder político y por el nuncio de su Santidad el Papa de ser uno de los agitadores que provocó la insurrección de comienzos de 1994. Los militares también le achacaron que echó aceite al fuego. En algunos medios le llamaban «el Obispo Rojo». A sus 69 años, el prelado responde con energía a las críticas señalando que durante décadas trató de hacer pública la desesperación que ahora explotó.

Ahora, de repente, todo ha cambiado. De subversivo ha pasado a ser protagonista de la paz, el hombre providencial que puede sofocar una rebelión cocinada en agravios de siglos. El mediador presidencial para la paz, Manuel Camacho Solís, y la propia Conferencia Episcopal Mexicana le designaron interlocutor para recibir, presentar y elaborar las propuestas de los insurrectos. El poder que durante décadas le vio como enemigo tuvo que aceptar que es el único con tacto y credibilidad para buscar un acuerdo con los alzados en armas.

Joaquim Ibarz, La Vanguardia, 19-01-1995 *(322 palabras)*

Anotaciones

1 pecado (m.): falta [Sünde]
4 antecesor (m.): precursor [Vorgänger]
alzador (m.): defensor, protector
8 expedir: promulgar, decretar
11 derogar: abolir, anular
15 achacar: acusar, inculpar
19 de repente: de pronto
20 sofocar: apagar, extinguir
cocinado/a; aquí: que se ha formado
22 designar: elegir, nombrar
25 alzado (m.) en armas: rebelde, sublevado, insurrecto

Cuestionario de estudio

1. Estructure y resuma con sus propias palabras el contenido del texto.
2. Exponga los rasgos comunes que ve el autor del actual obispo de Chiapas y su precursor Bartolomé de las Casas.
3. ¿Qué sabe usted de Fray Bartolomé de las Casas?
4. ¿Por qué se puede considerar contradictoria la actitud actual del Gobierno frente a Samuel Ruiz?
5. En el último párrafo del texto se afirma que la actual rebelión se ha cocinado en agravios de siglos.
   Exponga lo que el autor quiere hacer ver a los lectores con esta frase.

Cuestionario de estudio

1. El texto que analizamos y que está dedicado al conflicto de Chiapas se puede estructurar en tres partes.
En la primera parte, que contiene los dos primeros párrafos, se compara a Samuel Ruiz, actual obispo de San Cristóbal de las Casas con el primer obispo de esa diócesis, Fray Bartolomé de las Casas.
En la segunda parte, que va de la línea 13 a la línea 18, el autor hace referencia al rechazo que tuvo que sufrir el obispo Samuel Ruiz en los años pasados tanto por parte de la Iglesia, como por parte de los militares y de algunos periódicos que lo acusaban de comunista y revolucionario por defender los derechos de los indios.
En la parte final se constata el cambio de posición tanto de la Iglesia como de los políticos que ven ahora en el obispo «revolucionario» la persona más indicada para pacificar la zona.

2. Los elementos comunes que ve el autor del texto en ambos obispos son:
   - Los dos denuncian los abusos e injusticias que se cometen con los aborígenes.
   - Los dos dedican su vida a la mejora de la condición de los indígenas.
   - La conducta de ambos es rechazada por los poderosos.
   - Los dos hacen de mediadores entre los indios y el poder.

3. Fray Bartolomé de la Casas fue un religioso de la Orden Dominicana, obispo de Chiapas y defensor de los indios.
Bartolomé de las Casas nació en Sevilla en 1474 y viajó por primera vez a las Indias en 1502. En América fue ordenado sacerdote y participó como capellán en la conquista de Cuba, donde obtuvo una «encomienda» en 1513. Impresionado por las consecuencias de la invasión (llamada conquista): aniquilación y esclavitud de las tribus indígenas, decidió cambiar su vida. En 1515 renunció a la encomienda y emprendió una tarea a la que dedicaría el resto de su vida: impedir por todos los medios que la colonización española provocara la destrucción y la esclavitud de los indios americanos. Combinando múltiples viajes a España con largas estancias en América, logró dar a conocer su opinión e influir en algunas personalidades políticas que tenían la responsabilidad del gobierno de América. Se considera que sus ideas influyeron en la intención y formulación de las *Leyes Nuevas de Indias* (1542). Estas leyes habían sido promulgadas para eliminar las encomiendas o al menos prohibir nuevas concesiones de las mismas, pero la protesta de los colonos y el riesgo que un gran número de españoles abandonaran América las dejaron prácticamente sin efecto. Su pensamiento se halla recogido, sobre todo, en el libro *Brevísima relación de la destrucción de las Indias,* que fue publicado en Valencia en el año 1542. En 1544 fue nombrado y consagrado obispo de Chiapas. Decepcionado de la política española frente a los indígenas, renun-

ció al obispado de Chiapas y regresó a España donde concluyó sus obras, de entre las cuales cabe mencionar *Historia de la Indias.* El 17 de Julio de 1556 murió fray Bartolomé de las Casas en el convento de Nuestra Señora de Atocha en Madrid. Fray Bartolomé de las Casas, que dedicó su vida a la defensa de los pueblos indígenas, es hoy reconocido universalmente como uno de los precursores en la teoría y en la práctica de la defensa de los derechos humanos.

4. La actitud del Gobierno no sólo puede considerarse, sino que es realmente contradictoria. Al obispo Samuel Ruiz, siempre lo consideraron tanto el Gobierno, los militares, como la «aristocracia» de Chiapas como un revolucionario y agitador. En el año 1994 se le hizo responsable del alzamiento zapatista, diciendo y propagando por todos los medios de comunicación que Samuel Ruiz había apoyado e incluso organizado la insurrección que tuvo lugar a principios de aquel año. Ahora pasa a ser un mensajero *providencial* de la paz y reconocido interlucutor entre el Gobierno y los «rebeldes» de Chiapas. En poco tiempo ha pasado de ser un elemento peligrosísimo a ser el mexicano que mejores condiciones reúne para conseguir la paz.

5. El autor quiere hacer ver a los lectores con esta expresión que la opresión y explotación de los indígenas no es algo nuevo. Es una situación que se ha conservado desde la invasión hasta nuestros días. Los europeos los invadieron y oprimieron. Con el pretexto de cristianizarlos y civilizarlos destruyeron casi totalmente sus culturas, los esclavizaron, se hicieron con sus tierras y les robaron todo el oro que poseían. Tras la independencia, la actitud de los criollos y mestizos frente a los indios no se diferenció mucho de la de los colonizadores europeos. Continuaron arrebatándoles sus tierras y obligándoles a realizar los trabajos más ingratos y pesados. En la actualidad se sigue invadiendo sus territorios y expulsándolos de ellos con objeto de arrancar las riquezas que se hallan en el suelo o subsuelo con la excusa de liberarlos de su retraso y de hacerles partícipes del progreso y la civilización de nuestra sociedad devastadora.

La otra orilla

Joana es una mujer de lacia y larga melena negra que acaba de llegar de mundos lejanos. Sus ojazos verdes se clavan en mí mientras me cuenta que en la otra orilla, allá donde apenas llega nada de aquí, las ondas y el queroseno están a punto de exterminar la felicidad. Hasta que llegó la televisión, aquellos indígenas vivían su mundo con grandes dosis de plenitud y no conocían esas enfermedades que los de este lado llamamos ansiedad y neurosis. Una elaborada y eficaz medicina natural, un alimento sano y suficiente así como un ecosistema sin pervertir les había permitido sobrevivir aislados durante miles de años. Eran y aún son (por poco tiempo quizá) los guardianes y verdaderos jardineros de la tierra. Pero las ondas y una civilización expansiva y depredadora, la nuestra, les están desmantelando el paraíso a velocidad del rayo.

Algunos dirán que la ignorancia produce felicidad. Otros, sin embargo, sostenemos que el mito del progreso diseñado por un mercado que domina el dios dinero es barbarie. ¿De qué nos sirve poseer tanto avance tecnológico si somos esclavos de objetos que sólo nos producen, en el mejor de los casos, una satisfacción momentánea?

Los gestos de Joana, que aún transmiten parte de aquella serenidad perdida, me dan sosiego y me abren al amor por asuntos muy pequeñitos pero que envuelven el corazón con un fascinante entusiasmo. Joana me cuenta, me cuenta y se ríe como los indios pero sin llegar a tirarse pedos. Joana me pasa papeles que hablan de expropiación, de deportaciones, de masacres y se va con nostalgia a recuperar a unos padres que no ve desde hace años.

Yo me quedo solo, y por unas horas me siento extraño en estas tierras urbanas, sedientas de ruido y fatalidad. Una vez traspasado el milenio, aquellos rincones y pueblos perdidos a los que vuelve Joana sólo existirán en CD-rom.

José Ribas, El Mundo, 1-6-1996 *(315 palabras)*

Anotaciones

1 lacio/a: liso [glatt]
2 clavarse: fijarse con intensidad [eindringen]
3 onda (f.); aquí: [F-Welle]
queroseno (m.): combustible, petróleo [Kerosin]
6 ansiedad (f.): impaciencia extrema, ansia
10 depredador: destructor
desmantelar: arrasar, demoler
12 sostener: asegurar, afirmar, defender
17 serenidad (f.): calma, tranquilidad
18 sosiego (m.): calma, paz
20 tirarse pedos: dar ventosidades [furzen]
papeles; aquí: hojas de periódicos o revistas
24 sediento/a: que tiene sed

Cuestionario de estudio

1. ¿Qué nos dice el texto de Joana?
2. ¿Qué es lo que ha cambiado en el mundo de los indígenas en los últimos años?
3. ¿Qué piensa el autor de la sociedad occidental?
4. Exponga brevemente la relación «hombre-naturaleza» en la cosmovisión del hombre occidental y en la del indígena.
5. Muchos conciudadanos de nuestra sociedad occidental son partidarios de la «vuelta a la naturaleza»
   ¿Comparte usted su opinión?
   Justifique su respuesta.

Cuestionario de estudio

1. Joana es una india que ha estado un tiempo en España y que ahora va a regresar a su país.
   De su aspecto físico el autor nos dice que lleva una melena larga, que su cabello es liso y que tiene ojos verdes.
   En la parte final del texto nos enteramos que Joana está bien informada y muy preocupada por las injusticias que tienen que soportar los indígenas.

2. El autor nos dice que la expansión y la influencia de la civilización moderna occidental ha modificado radicalmente el entorno y la vida de los indios. Los medios de comunicación («ondas») y la mecanización e industrialización («queroseno») están destruyendo el pacífico y feliz mundo en el que hasta ahora les ha sido posible vivir a los indios.
   Nuestra «civilización» les ha llevado tanto dolencias psíquicas (avaricia y depresiones neuróticas) como padecimientos somáticos que ellos desconocían y que no pueden combatir con medios de su medicina natural. El progreso expansivo de la industrialización moderna está destruyendo a pasos agigantados el entorno natural en el que ellos han vivido desde siempre.

3. El autor no tiene una opinión muy positiva de la moderna sociedad occidental. En el primer párrafo la denomina «expansiva y depredadora«. En su afán de expansión no tiene en cuenta ni respeta los valores de otras culturas y, por creerse la única verdadera y por tanto superior a toda las demás, no tiene ningún inconveniente en destrozar todo lo que no esté de acuerdo con sus principios y normas.
   Más adelante, en el párrafo dos, confiesa que, para él, el progreso, como valor absoluto, es algo negativo. Lo producido genera compradores y el hombre se convierte en esclavo de los productos. El dinero como medio adquisitivo se ha convertido en el dios de nuestra sociedad de consumo, que él califica de bárbara.

4. Para el indio, la naturaleza (a la que él le da el nombre concreto de tierra) es la madre de todos los seres. El la llama «Pachamama» (= madre que alimenta). El hombre puede servirse de ella, pero no tiene el derecho de destruirla. Una madre necesita ser amada y protegida. Si no se protege a la naturaleza, el hombre pone en peligro su propia existencia, la de sus descendientes y la de todos los demás seres.
   El hombre occidental piensa que él no forma parte de la naturaleza, se cree superior ella. El la considera como un objeto del que él puede servirse a su antojo. Para él, la naturaleza es como una bandeja de la que se puede tomar lo que se quiere y se afana por sacar de ella el mayor beneficio posible, sin importarle la destrucción de la misma.

5. El eslogan «vuelta a la tierra» es un término, en mi parecer, bastante ambivalente.
   - Si él incluye una reflexión crítica del modo como se relaciona en la actualidad el mundo industrial con la naturaleza puede ser algo muy positivo. El mundo moderno tiene que ser consciente de que si continúa explotando a la naturaleza al ritmo que lo lleva haciendo en los últimos años, en tres o cuatro generaciones, la tierra ya no será habitable, al menos para los humanos.
   - Si «vuelta al la tierra» significa regreso, retroceso a un mundo sin «cultura» (civilización) e implica una negación radical de todo lo que tenga que ver con el progreso, para mí, no es una actitud muy aceptable. El hombre es un ser inteligente. Negar su inteligencia, que se manifiesta sobre todo en la cultura, es algo no humano. Naturaleza y cultura no son dos términos contradictorios sino complementarios. Negar lo natural en el hombre puede ser tan fatal como ignorar su inteligencia.

Haciendas y comunidades

El anciano Chaqui contó un día algo que también le habían contado a él. Antes, todo era comunidad. No había haciendas por un lado y comunidades acorraladas por el otro. Pero llegaron unos foráneos y anularon el régimen de comunidad y comenzaron a partir la tierra en pedazos y a apropiarse de esos pedazos. Los indios tenían que trabajar para los nuevos dueños. Entonces los pobres – porque así comenzó a haber pobres en este mundo – preguntaban qué de malo había en la comunidad. Nadie les contestaba o por toda respuesta les obligaban a trabajar hasta reventarlos. Los pocos indios cuya tierra no había sido arrebatada aún, acordaron continuar viviendo con su régimen de comunidad, porque el trabajo no debe ser para que nadie muera ni padezca, sino para dar bienestar y alegría a todos los miembros de la tribu. Ése era, pues, el verdadero fundamento en el que se basaban las comunidades de los indígenas.

El viejo Chaqui había dicho además: «Cada día, *pa* pena del indio, hay menos comunidades. Yo he visto desaparecer a muchas arrebatadas por los *gamonales*. Se justifican con la ley y el derecho. ¡La ley! ¡El derecho! ¿Qué sabemos nosotros de eso? Cuando un hacendado habla de derecho es que algo está torcido. Si existe una ley es sólo la que sirve para *fregarnos*. ¡Ojalá que a ninguno de los hacendados que hay por los linderos de Rumi se le ocurra sacar hoy la ley! Comuneros, témanla más que a la peste».

Chaqui era ya tierra y apenas lo recuerdo, pero sus dichos vivían en el tiempo. Si Rumi había sido capaz de subsistir a pesar de que la ley le había propinado abundantes ramalazos; otras comunidades vecinas no pudieron resistir y desaparecieron.

Cuando los comuneros caminaban por las alturas, los mayores solían confiar a los menores: «Ahí, por esas laderas – y señalaban un punto en la fragosidad inmensa de los Andes – estuvo la comunidad tal y ahora es la hacienda cual». Entonces blasfemaban un poco porque aún amaban celosamente a su tierra.

Ciro Alegría, El mundo es ancho y ajeno, 1988 *(350 palabras)*

humanos han sido alertados por los indígenas, ante amenazas recibidas por oponerse al proyecto hidroeléctrico. Aun cuando ya se están realizando las obras preliminares, es posible que la construcción de la discutida central hidroeléctrica siga en espera.

Las organizaciones Mapuche han enviado una carta al Gobierno chileno donde piden que se respete la ley indígena y los acuerdos. «Queremos un país plural, intercultural, sano, en donde podamos mirar con orgullo hacia el futuro y con orgullos hacia el pasado, en donde nos respetemos mapuche y no mapuche, y juntos respetemos a nuestra amada tierra, nuestra mapu».

Catalina Olavarría, Ecos, II / 1998 *(446 palabras)*

Historia de un genocidio

La situación de los yanomamis es límite. Entre 1987 y 1989 entraron ilegalmente en sus tierras alrededor de 45.000 pequeños buscadores de oro (Garimpeiros). El gobierno se niega a tomar medidas efectivas y el pueblo yanomami se extingue con rapidez. Se calcula que en 1988-89 falleció 15 por ciento de la población. En los asentamientos cerca de los campamentos mineros casi no quedan niños menores de dos años. A este ritmo los yanomamis habrán desaparecido en 10 años.

El primer asalto real contra este pueblo libre ocurrió a principios de la década de 1970, cuando el gobierno militar de Brasil inició un plan de carreteras a través de la Amazonia. Este fue concebido deliberadamente para abrir los bosques a las compañías ricas y a los inmigrantes sin tierras del resto de Brasil, en un momento en que la tensión política era cada vez mayor. Hasta entonces, las poblaciones yanomamis eran fuertes y sanas y de hecho, crecían en número.

La «Perimetral Norte», que bordea la frontera norte de Brasil, atravesó las tierras yanomamis. La carretera nunca se terminó de construir, pero las obras preliminares fueron suficientes para introducir una serie de enfermedades – la gripe, el sarampión, las enfermedades venéreas y la malaria, entre ellas – en las 13 aldeas de la región. Las comunidades quedaron diezmadas por las epidemias, y la mortandad fue en algunos lugares del 90%. Los supervivientes quedaron reducidos a unos cuantos pequeños grupos de débiles mendigos vagando de un campamento de construcción de caminos a otro.

El organismo oficial para asuntos indígenas, la FUNAI, fue totalmente incapaz de controlar lo que ocurría. La ayuda médica fue insuficiente. Nunca hubo un programa elemental de vacunación.

Como efecto secundario de la estrategia de construcción de carreteras para «la ocupación de la Amazonia», los gobiernos militares de la década de 1970 realizaron los primeros estudios científicos aéreos de la geología de la Amazonia, que indicaron que las tierras de los yanomamis contenían materiales radiactivos, casiterita y oro. Antes del final del decenio comenzaron a llegar pequeños buscadores de casiterita. A partir de 1980, el principal atractivo es el oro: el señuelo de «El dorado» que destruye, una vez más, la vida de los indígenas sudamericanos, como viene ocurriendo desde el siglo XVI.

A mediados de la década de 1980 había estallado una auténtica fiebre del oro. A la zona llegaban hasta 200 buscadores al día, que se convirtieron en un total de 45.000 diseminados por todas las tierras yanomamis. La mayoría de los invasores pertenecían al sector de los *sem terras* de Brasil. Muchos de ellos estaban enfermos y no sabían nada sobre los indígenas. Pero pronto sus sueños de riqueza se desvanecieron en el aire; todos los beneficios iban a parar a manos de intermediarios sin escrúpulos.

No sorprendió a casi nadie que las saludables comunidades indígenas quedaran pronto diezmadas por las enfermedades. La FUNAI tenía dos médicos y un hospital, la Casa do Indio, en la capital, Boa Vista, adonde se puede trasladar a los yanomamis enfermos.

Pero la Casa do Indio se ha convertido a su vez en «tierra fértil» para las enfermedades debido a la falta de medicinas y médicos. Desde 1987 el gobierno del Estado y el federal impidieron de hecho que grupos de voluntarios llegaran hasta la zona con medicinas. Esta restricción se levantó a principios de 1990.

En 1989, se descubrió que en la región de Paapiú el 90% de los indígenas padecía la malaria. La combinación de una alta mortandad infantil y de la pérdida de fertilidad debida a las enfermedades y a la desnutrición amenazan con destruir comunidades enteras. En Paapiú, el 43% de las personas estudiadas había perdido entre 1 y 7 familiares entre 1987 y 1989. En ese mismo período, el 13% de los niños menores de 14 años habían perdido a uno de sus padres, en algunos casos a ambos. La situación era tan grave que Davi Yanomami accedió a salir de Brasil en diciembre de 1989 – era el primer portavoz yanomami que lo hacía – a pedir ayuda médica de emergencia para su pueblo.

En 1991 el gobierno brasileño creo, por fin, un Programa de salud especial para los yanomamis, después de recibir presiones de organizaciones tanto brasileñas como internacionales.

Campaña de Survival, VIII /1993 *(702 palabras)*

Quellennachweis

Text 1 Aus: Justino Sinova, «Balseros» en Euskadi, El Mundo, 30-4-1995
Text 2 Aus: José Arratibel, Euskera y Senado, El Correo, 22-3-1997
Text 3 Aus: Editorial, ETA es el error, El País, 11-6-1997
Text 4 Aus: Alejandro Muñoz Alonso, Problemas psiquiátricos, ABC, 15-3-1997
Text 5 Aus: Pilar Cernuda, Una niña vasca, Blanco y Negro, 16-6-1996
Text 6 Aus: Juan María Atutxa, Recuperar la normalidad, El País, 13-5-1993
Text 7 Aus: José María Martín, La víctima no cuenta, El Correo, 20-3-1997
Text 8 Aus: Ignacio Luis de Larrea, Euskera y castellano, El Correo, 30-7-1993
Text 9 Aus: Editorial, El asco, El País, 4-7-1991
Text 10 Aus: Pilar Cernuda, Los cachorros de ETA, Blanco y Negro, 21-5-1995
Text 11 Aus: Delfín Rodriguez, Ilegales, El País, 7-11-1993
Text 12 Aus: Iñaki Sanz Alonso, Respeto y racismo, El País, 24-3-1992
Text 13 Aus: Isabel Marina Valdés, La mirada, El País, 16-4-1993
Text 14 Aus: Joaquín Utrera, Temblar, El País, 26-6-1990
Text 15 Aus: Luis Herrero del Pozo, La punta del Iceberg, ABC, 6-8-1996
Text 16 Aus: Cándido Romaguera, Naufraga una patera, El País, 17-9-1997
Text 17 Aus: Raúl Heras, La memoria de los más pobres que los pobres, El Mundo, 20-9-92
Text 18 Aus: J. Muñoz, «Ilegales en lata», El País, 4-7-1997
Text 19 Aus: J.M. Zamora, Asesinar a tres o cuatro gitanos, ABC, 13-7-1988
Text 20 Aus: Pilar Cernuda, Racismo, Blanco y Negro, 5-6-1994
Text 21 Aus: Luis Antonio de Villena, Una radical barbarie, El Mundo, 9-6-1995
Text 22 Aus: Carmen Rico Codoy, El frustrado, Cambio 16, 17-6-1985
Text 23 Aus: Entrevista, El Guille, El País, 13-5-1993
Text 24 Aus: Luis Antonio de Villena, Suicidios adolescentes, El Mundo, 19-4-1996
Text 25 Aus: Pilar Cernuda, JASP, Blanco y Negro, 11-2-1996
Text 26 Aus: Chumy Chúmez, Aquel niño, Blanco y Negro, 23-1-1994
Text 27 Aus: Carlos Celaya, Solidaridad, El Mundo, 23-10-1994
Text 28 Aus: Editorial, El Mundo, La nueva «camada negra», 21-11-1992
Text 29 Aus: Javier Sábada, de jóvenes y radicales, El Mundo, 2-10-1995
Text 30 Aus: José Ortega Spottorno, La gente joven, El País, 6-4-1992
Text 31 Aus: Rodolfo Gómez, Insensatez, El País, 26-4-91
Text 32 Aus: Editorial, Violencia doméstica, ABC, 23-12-1997
Text 33 Aus: Fernanda Romeu, Oratoria feminista, El País, 14-10-1991
Text 34 Aus: Elena Rovira, La situación laboral de la mujer no mejora, ABC, 11-3-97
Text 35 Aus: Antonio Soler, Mujer, ABC, 17-3-1996
Text 36 Aus: Editorial, Se mantiene la discriminación laboral, El País, 14-12-1997
Text 37 Aus: Fernando Tola, Contenido de los culebrones, El Mundo, 3-1-1995
Text 38 Aus: Evaristo Acevedo, El comienzo, Blanco y Negro, 10-11-1996

Cuestionario de estudio

1. El texto se puede dividir en tres partes.
   En primera parte, que va hasta la línea 12, citando a un viejo indio el autor describe la transformación que ha tenido lugar en las comunidades indias. La mayor parte de las comunidades han desaparecido porque gentes extrañas se han apropiado de sus tierras y han esclavizado a los que las habitaban y cultivaban.
   En la segunda parte, que comprende los párrafos dos y tres, se explica que los hacendados justifican su invasión con la ley y el derecho, pero los indios desconfían de estos dos términos.
   En la tercera parte se formula el lamento de los indios al contemplar las tierras que pertenecieron a sus comunidades.

2. La frase quiere hacer ver que la propiedad privada de la tierra es lo que origina la pobreza. La tenencia colectiva de las tierras no diferencia a los que las habitan en propietarios y obreros. El cultivo de la tierra en este sistema social tiene como único fin: satisfacer las necesidades de todos los miembros de la comunidad. Para el propietario privado la producción no tiene como fin el proporcionar a los miembros de la comunidad lo que necesitan para vivir, sino incrementar su riqueza. El propietario privado no se preocupa de las necesidades de la comunidad sino de producir lo más racionalmente posible y sacar la mayor cantidad posible de dinero de sus productos. El egoismo y la despreocupación del productor frente a los miembros de la comunidad puede originar la pobreza.

3. El trabajo en las comunidades indígenas no es un mero medio de ganar dinero o un recurso del propietario para explotar a sus empleados y de esa manera incrementar lo más posible sus bienes o su capital. El trabajo para el indio tiene la función de garantizar la subsistencia y el bienestar de todos los miembros que componen la comunidad en la que vive. El indio no vive para trabajar, trabaja para vivir

4. El término «ley» es para los indios algo negativo. La ley es la que justifica la apropiación de los territorios indígenas, la consiguiente desaparición de las comunidades y culturas indias y el sometimiento de los indios como fuerza de trabajo de la que se puede servir el nuevo propietario. Los hacendados emplean la palabra ley no sólo para desposeer a los indios de sus tierras, sino también para justificar su conducta explotadora, destructora e inhumana frente a los indios.

5. Los aztecas no conocían la propiedad privada. La tierra era un bien de toda la comunidad. Los aztecas conocían tres tipos de «propiedad»:
   - La propiedad aristócrata. El Estado ponía a disposición de los guerreros, que por sus acciones habían adquirido el título de nobles, tierras que

Anotaciones

2 acorralado/a: arrinconado, aislado [eingekreist]
3 foráneo (m.): forastero, extraño, persona que no es de la región
régimen (m.) de comunidad: propiedad colectiva de las tierras
8 reventar: [zu Tode arbeiten lassen]
arrebatar: robar, desposeer
13 pa pena: para pena: [zum Leid]
14 gamonal (m.): hacendado, propietario de una finca
16 torcido/a: [krumm]
17 fregar: atormentar, hacer sufrir
18 sacar: hablar de, hacer valer
20 ser tierra: haber muerto
21 propinar: dar, pegar
22 ramalazo (m.): [Schlag]
25 ladera (f.): falda, vertiente [Abhang]
fragosidad (f.): espesura [Wildnis]
27 blasfemar: jurar [fluchen]

Cuestionario de estudio

1. Estructure y resuma el contenido del texto.
2. Explique la frase «Así comenzó a haber pobres en este mundo».
3. ¿Qué es el trabajo para los indios?
4. La palabra «ley» aparece varias veces en el texto.
Explique por qué este término tiene para los indios cierto sabor negativo.
5. Exponga el sistema de distribución de las tierras en la sociedad azteca y comente sus ventajas e inconvenientes.

Text 39 Aus: Julio Ariza, El aborto a debate, El País, 23-9-1997
Text 40 Aus: Begoña Muruaga, La raíz de problema, El Correo, 5-1-1998
Text 41 Aus: Joaquim Ibarz, Un heredero de Bartolomé de las Casas, La Vanguardia, 10-1-94
Text 42 Aus: José Ribas, La otra orilla, El Mundo, 1-6-1996
Text 43 Aus: Ciro Alegría, Haciendas y comunidades, El mundo es ancho y ajeno, 1988
Text 44 Aus: Pilar Luzano, La tierra es la madre y el petróleo la sangre ..., El País, 7-6-97
Text 45 Aus: Carlos Fazio, Atentaron contra el obispo de Chiapas, Clarín, 6-11-97
Text 46 Aus: Jorge León, El indigenismo, Cuadernos de Nueva, VI / 1983
Text 47 Aus: Guiomar Rovira, Una mujer que vive en Chiapas, El Mundo, 27-2-1995
Text 48 Aus: Estrella Gutiérrez, Batalla ganada en la Amazonia, Ecos, VI / 1997
Text 49 Aus: Catalina Olavarría, Indígenas pehuenches, Ecos, II / 1998
Text 50 Aus: Campaña de Survival, Historia de un genocidio, VIII / 1993

Die Reihe *Temas hispánicos* umfaßt das komplette, didaktisch aufgearbeitete Textmaterial für einen Leistungskurs der gymnasialen Oberstufe, ist aber auch für Hochschulen, VHS und fortgeschrittene SelbstlernerInnen geeignet. Die aktuellen Texte meist aus zeitgenössischen Medien zu den diversen politisch-sozialen Themenbereichen wurden intensiv im Unterricht erprobt. Textfragen, einsprachige Worterklärungen, Diskussionsanregungen und Wiederholungsübungen zur Grammatik runden die einzelnen Kapitel ab. Zu jedem Band gibt es ein Lehrer-/Lösungsheft.

Fernando Lalana Lac: La condición femenina
Dieser Band der unterrichtserprobten Lektürereihe befaßt sich mit der gesellschaftlichen Situation der Frau. Das Textmaterial beleuchtet Themenbereiche wie «Die Frau im Beruf», «Schwangerschaft und Selbstbestimmung», «Diskriminierung und Gewalt» und «Die Frau als Lustobjekt».

176 Seiten, ISBN 3-926369-48-5

Lösungs-/Lehrerheft, 96 Seiten, ISBN 3-926369-49-3

F. Lalana Lac: «Queríamos que fuesen libres.» España y sus jóvenes
Auch Spanien sieht sich Gewalt und Drogenkonsum an Schulen, Jugendarbeitslosigkeit und Sekten gegenüber.
Mit adaptierten Texten; zum Einstieg in die Textarbeit besonders geeignet.

144 Seiten, ISBN 3-926369-30-2

Lösungs-/Lehrerheft, 80 Seiten, ISBN 3-926369-31-0

Fernando Lalana Lac: Racismo en España
Diskriminierung der «gitanos», Nordafrikaner und Lateinamerikaner. Neorassismus als gesamteuropäisches Phänomen.

112 Seiten, ISBN 3-926369-82-5

Lösungs-/Lehrerheft, 64 Seiten, ISBN 3-926369-83-3

Fernando Lalana Lac: El problema vasco
Entstehung und Bedeutung des baskischen Nationalismus

112 Seiten, ISBN 3-926369-74-4

Lösungs-/Lehrerheft, 64 Seiten, ISBN 3-926369-78-7

F. Lalana Lac: Guardianes de la naturaleza. Los indios y su América
Die Indios seit der Conquista und ihr wiedererwachendes Selbstverständnis sowie Aspekte der Ökologie. Mit Texten von Lutzenberger, Galeano, Menchú, Neruda, Asturias u.a.

158 Seiten, ISBN 3-926369-35-3

Lösungs-/Lehrerheft, 72 Seiten, ISBN 3-926369-36-1,